AF176137

Manuela Christiansen

Energiequellen des Alltags

Wie wir unser Wohlbefinden verbessern

© 2021 Manuela Christiansen

Herstellung und Verlag:
BoD - Books on Demand, Norderstedt

Layout:
Gunda Nielsen

Umschlaggestaltung:
BoD - Books on Demand, Norderstedt

Grafik:
Kichigin/Hibrida/
Shutterstock.com

ISBN 978-3-754-33656-4

Inhaltsverzeichnis

EINLEITUNG

FREUDE UND HOFFNUNG

SINN

BEWEGUNG UND NATUR

VERBUNDENHEIT UND BERÜHRUNG

HUMOR, DANKBARKEIT UND SCHLAF

SELBSTWIRKSAMKEIT

QUELLEN- UND LITERATURNACHWEISE

LITERATUREMPFEHLUNGEN

ÜBER DIE AUTORIN

EINLEITUNG

Als Resilienztherapeutin ist es mir ein Anliegen, dass Menschen erleben, was ihre Gesundheit und ihr Wohlbefinden fördert.

In der Medizin stand viele Jahre die Pathogenese, die Entstehung und Entwicklung von Krankheiten, im Mittelpunkt. Mit dem Modell der Salutogenese des Soziologen Aaron Antonovsky fand ein Richtungswechsel statt.

Die Salutogenese befasst sich damit, was Menschen hilft, gesund zu bleiben und zu werden.

Positive Stimmungen und Emotionen sind Energiequellen, die unser Wohlbefinden nachweislich verbessern.

Welche das Leben für Sie bereithält und wie Sie sie in Ihren Alltag integrieren können, lesen Sie in diesem Buch.

Niebüll, im November 2021   *Manuela Christiansen*

Der Mensch ist ein Gewohnheitstier

Wer kennt nicht diese Verlockungen: Die Tüte Chips beim Fernsehen, das Stück Torte mit der köstlichen Sahne, die hängende Körperhaltung am Schreibtisch, das Sofa, das zum langen Verweilen einlädt. Genuss und Lebensfreuden sind durchaus positiv zu bewerten. Allerdings könnte die Mischung aus der Tüte Chips, einem Stück Torte und dem gemütlichen Sofa irgendwann eine Wirkung entfalten, die uns nicht mehr gefällt.

Wenn die Hose zwickt, die Muskeln sich zu sehr an das kuschelige Sofa gewöhnt haben und das tägliche Stück Torte den Blutzucker beflügelt, Haltungsschäden durch Fehlhaltungen entstehen, streben Menschen häufig nach Veränderung.

Unser Gehirn ist leider nicht zum Abspeichern von Einzelheiten geeignet. Nur das, was wir regelmäßig machen, wird gespeichert. Können Sie sich erinnern, wie Ihr Rad bei Ihren ersten Fahrversuchen wackelte? Was gab es alles bei der ersten Autofahrstunde zu bedenken?

Wer oft Rad oder Auto gefahren ist, wird immer besser. Heute werden Sie über vieles, was Sie beim ersten Mal in Schwitzen gebracht hat, nicht mehr nachdenken. Sie haben es gelernt und Ihr Gehirn hat es abgespeichert. Gewohnheiten sind oft unheimlich praktisch. Sie können unser Leben erleichtern. Wer die Zähne einmal mit links anstatt mit rechts putzt, erlebt, wie gewohnt die Technik ist, die am meisten ausgeübt wird. Gewohnheiten erfolgen irgendwann unbewusst.

Der erste Schritt zu einer Veränderung von Gewohnheiten ist immer, sich eigene Gewohnheiten bewusst zu machen. Um eine Gewohnheit zu verändern, ist die erfolgreichste

Methode, sie durch eine andere Gewohnheit zu ersetzen. Wichtig ist, dass uns die neue Gewohnheit gefällt und das Bedürfnis, das die alte Gewohnheit befriedigen sollte, stillt. Zu einer Gewohnheit wird eine Gewohnheit allerdings nur, wenn wir uns an sie gewöhnen.

Wie ein Strohfeuer

Viele Menschen haben am Jahresbeginn gute Vorsätze, etwas für ihre Gesundheit zu tun. Am Anfang des Jahres finden wir deshalb in Werbeprospekten immer Sportartikel. Achten Sie einmal darauf, es ist jedes Jahr so.

Marktwirtschaftlich gesehen stimmt der Zeitpunkt. Durch die Vorsätze für das neue Jahr ist der Blick auf Dinge gerichtet, die zu ihrer Verwirklichung verhelfen könnten. Allerdings haben die wenigsten Menschen mit der Erkenntnis des Nutzens von gesundheitsförderlichem Verhalten ein Problem. Es scheitert an der regelmäßigen Umsetzung. So landen nicht wenige Trimmräder und Sportschuhe im Keller oder bei eBay.

Wer mit dem Auto in eine unbekannte Großstadt fährt, spürt, dass selbst das automatisierte Autofahren mehr Energie und Aufmerksamkeit verlangt, wenn alles neu und unbekannt ist.

Eine neue Gewohnheit verbraucht auch mehr Energie, da sie neu und noch nicht in unser Leben integriert ist. Genau hier liegt die Ursache, dass gute Vorsätze wie ein Strohfeuer beginnen und enden können. Wir integrieren Neues ins Leben oft leichter, wenn es unseren Bedürfnissen entspricht und wir es als gewinnbringend ansehen.

Auch das Fertiggericht nach der Arbeit verspricht uns Zeitersparnis, das Sofa nach anstrengender Arbeit die ersehnte Erholung. Der größte Teil unseres Lebens sind Gewohnheiten. Gewohnheiten empfinden wir als ressourcenschonend.

Veränderungen brauchen immer die eigene Motivation, etwas, wofür es sich lohnt, Energie einzusetzen. Drohen und Angstmachen motivieren Menschen nicht. Bilder auf Zigarettenschachteln, die den Untergang der eigenen Lunge aufzeigen, hindern kaum einen Raucher daran, weiterzurauchen.

Zur Veränderung sind wir bereit, wenn wir etwas wirklich möchten. Nur dann sind wir intrinsisch motiviert.

Ein Anfang muss nicht schwer sein

Rational wissen wir oft, dass Veränderungen wichtig wären. Sicherheit und Routine machen unser Leben aber einfacher. Unser Tag ist bestimmt von vielen wiederkehrenden Abläufen. Sogar der Platz, an dem wir uns morgens zum Frühstück setzen, ist bei den meisten Menschen immer derselbe. Setzen Sie sich doch einmal bei einer Fortbildung oder zu Hause auf einen Platz, auf dem vorher jemand anderes saß. Die Reaktionen Ihrer Mitmenschen werden Ihnen die Macht von Gewohnheiten zeigen. Es zieht uns wie ein Magnet zu vertrauten Orten und Gewohnheiten. Veränderungen bedeuten, dass sich etwas ändert. Veränderungen sind der Beginn von Neuem. Genau das kann Angst machen. Wir sind nur bereit, etwas anders zu machen, wenn wir das Gefühl haben, dass es uns guttut.

Veränderungen können unser Leben bereichern, gerade wenn sie unser Wohlbefinden und unsere Gesunderhaltung fördern. Wer Gewohnheiten verändern oder Neues im Leben integrieren möchte, sollte aktiv werden. Da unsere Gedanken einen großen Einfluss auf die Umsetzung von Zielen haben, sollten wir ihnen Aufmerksamkeit schenken. Das Sprichwort „Aller Anfang ist schwer" suggeriert etwas Negatives. Die Worte „Und jedem Anfang wohnt ein Zauber inne, der uns beschützt und der uns hilft, zu leben." aus Hermann Hesses philosophischem Gedicht „Stufen" klingen nicht nur schöner, sie entfalten auch eine andere Wirkung.

„Die Seele hat die Farbe deiner Gedanken."
(Marc Aurel)

Unsere Gedanken können das Leben heller oder dunkler, angespannter oder entspannter werden lassen. Wer immer denkt „Ich kann nichts, keiner mag mich." oder „Ich finde nie mein Glück.", erlebt, wie Gedanken zu Glaubenssätzen werden können. Wir neigen dazu, unsere Glaubenssätze, die wir im Laufe unseres Lebens über uns und unsere Umwelt entwickelt haben, zu bestätigen.
Trennungen können zum Beispiel den Glaubenssatz „Ich bin nicht liebenswert." verstärken. Das bedeutet, wenn wir denken, dass wir nicht liebenswert sind, nehmen wir besonders wahr, was genau diese Sicht von uns bestätigen wird. Spiegeln uns Menschen, dass sie es nicht so sehen, sind wir bei negativen Glaubenssätzen kritischer. Wir neigen dann dazu, positive Bewertungen schneller anzu-

zweifeln und in Frage zu stellen. Leider kommt schwer etwas Gutes heraus, wenn wir Schlechtes erwarten. Um etwas im Leben zu verändern, ist es wichtig, zuerst die eigenen Denkmuster und Glaubenssätze zu identifizieren.

Der Glaube kann Berge versetzen

Glaubenssätze sind unbewusste Lebensregeln. Sie entstehen durch eigene und soziale Erfahrungen.

Den wenigsten Menschen sind sie bewusst. Glaubenssätze sind wie neuronale Programme, die auf die Welt reagieren und Gedanken und Gefühle auslösen. Jeder Glaubenssatz sucht etwas, was ihm entspricht. Das bedeutet: Glaubenssätze selektieren unsere Wahrnehmung. Worauf wir unseren Fokus richten, nehmen wir wahr.

Negative Glaubenssätze, wie „Ich schaffe das nicht, ich bin nicht liebenswert.", schwächen das Selbstwertgefühl. Positive Glaubenssätze, wie „Ich schaffe das, ich bin liebenswert.", haben hingegen eine stärkende Wirkung. Negative Glaubenssätze führen dazu, dass Menschen Potentiale nicht ausleben, die sie haben.

Verändern wir negative Glaubenssätze nicht, kann keine positive Veränderung in unserem Leben eintreten. Wir können nur etwas verändern, was wir wissen. Daher ist es wichtig, sich bewusst zu machen, wie die eigenen Glaubenssätze sind. Negative Glaubenssätze entdeckt man besonders in Bereichen, die einem Probleme bereiten.

Negative Glaubenssätze entlarven

Negative Glaubenssätze können durch Eltern, Großeltern, Pädagog*innen, Freund*innen, also durch jeden Menschen, der für unser Leben und Überleben bedeutsam war und ist, entstehen.

„Ohne Fleiß kein Preis.", „Man widerspricht nicht.", „Ich muss perfekt sein." sind Glaubenssätze, die viele Menschen durch Erziehung und Vorbilder geprägt haben. Glaubenssätze, die wir als Kinder übernommen haben, können unser Leben lang in uns wirken. Durch Erfahrungen bilden wir zusätzlich noch eigene Glaubenssätze, wie zum Beispiel „Ich bin dumm.", „Niemand interessiert sich für mich.", „Ich habe immer Pech." usw.

Wiederholen sich Situationen oder Gefühle, entstehen Glaubenssätze.

Negative Glaubenssätze können so lange wirken, bis wir sie entlarven und durch positive ersetzen.

Glaubenssätze, besonders negative, fördern einen Tunnelblick. Wer sagt: „Alle Männer sind untreu.", kann recht haben, dass Männer untreu sind. Allerdings wäre es nicht ganz gerecht, denn vielleicht kennen Sie einen Mann, der treu ist. Schon wenn ein Mann treu ist, würde die Verallgemeinerung *alle* nicht richtig sein.

Immer, alle, nie sind Verallgemeinerungen, die bei genauer Betrachtung selten Tatsachen widerspiegeln. Trotzdem wird ein Mensch, der das Gefühl hat, *immer* Pech zu haben, *nie* wirklich gesehen zu werden, der *allen* Menschen nicht traut, wahrscheinlich nicht glücklich sein. Achten Sie doch einmal darauf, welche Glaubenssätze Sie bei sich entdecken und wann Sie Verallgemeinerungen, wie *immer, alle* und *nie*, aussprechen. Wenn Sie Glaubenssätze entlarvt haben, die Ihnen nicht guttun, haben Sie den wichtigsten Schritt geschafft.

Entscheidend für unser Wohlbefinden und unsere Gesundheit ist, dass wir bewusst wahrnehmen, in welchen Situationen, mit welchen Menschen und mit welchen Gedanken und Glaubenssätzen wir uns nicht gut fühlen. Wo wir anspannen, uns traurig und bedrückt fühlen, werden wir darauf hingewiesen, dass etwas nicht stimmt. Negative Gefühle, die uns nicht helfen, laden uns ein, unseren Blick auf mehr positive Gedanken und Emotionen zu lenken.

FREUDE UND HOFFNUNG

Heiter bis wolkig

Wer mag sich schon gerne die Stimmung verhageln lassen? Ein frostiges zwischenmenschliches Klima sowie ein gefrorenes Lächeln wirken nicht sehr einladend. Niemand möchte sicher über eine längere Zeit in einem Tief hängen bleiben. Wir lieben die Ruhe vor dem Sturm, mögen uns in Erfolgen sonnen und bewundern strahlende Sieger.

Für die Beschreibung von Stimmungen nutzen wir Wettermetaphern: So fühlen wir uns betrübt oder heiter, es überkommt uns ein kalter Schauer, die Atmosphäre ist aufgeladen, wir erfreuen uns an einer stürmischen Begrüßung.

Stimmungen können Atmosphären beeinflussen. Wetter und Stimmungen können sich ändern. Menschliche

Stimmungen können zwar beeinflusst werden, sie sind aber, wie das Wetter, nie ganz berechenbar.

Wetterbeschreibungen sind tief in unserer Sprache verwurzelt, und sie stehen in einem engen Zusammenhang mit unserer Gefühlswelt.

Bleiben Sie nicht selbst im Regen stehen, sondern nutzen und integrieren Sie die Kraft gehobener Stimmungen in Ihr Leben.

„Freude ist ein Zeichen, dass man dem Licht nahe ist."
(Edith Stein[1])

Beobachten Sie doch einmal Ihren eigenen und die Mundwinkel anderer Menschen beim Lachen. Sie werden erkennen, dass sie nach oben zeigen.

Gehobene Stimmungen, zu denen die Freude gehört, heben nicht nur unsere Mundwinkel, sondern auch unser Wohlbefinden.

Beim Lachen fühlen wir, was Freude bewirkt. Schon ein Lächeln zeigt, in welche Richtung uns gehobene Stimmungen führen. Freude wirkt belebend und erleichternd. Was uns *beschwert*, empfinden wir als Last. Zu viele Lasten nehmen uns die Leichtigkeit.

Freude und Hoffnung bringen Leichtigkeit ins Leben. Deshalb sollten wir sie bewusst wahrnehmen und fördern. Das Leuchten der Augen beim Lachen zeigt, wie Freude helfen kann, dunkle Gedanken und Lebensschwere für Momente zu vergessen. Denn Freude erhellt unser Gemüt und unser Leben.

„Wer sich in Gefahr begibt, der kommt darin um."
(Bibel; Sir 3,27)

Trafen unsere Vorfahren einen Säbelzahntiger, überlebten nicht diejenigen, die blieben und hofften, nicht gefressen zu werden, sondern die, die im wahrsten Sinne des Wortes um ihr Leben rannten.

Evolutionsbedingt war es schon immer wichtig, Gefahren zu erkennen. Dieses Erbe tragen wir in uns. Bis heute fällt es uns leichter, unseren Blick auf Gefahren und Negatives zu lenken.

Negative Gefühle fesseln unsere Aufmerksamkeit. Medien nutzen unsere Veranlagung. Blut und Angst verkaufen sich gut. Schlagzeilen in Zeitungen werden besonders wahrgenommen, wenn sie Ängste auslösen oder auf Gefahren hinweisen.

Gefahren machen etwas mit Menschen. Filme und Spiele, die mit Gewalt arbeiten, Artikel, die mit Angst Leser gewinnen, hinterlassen Spuren. Die vielen Gespräche über Corona während der Corona-Pandemie zeigten, wie Angst den Alltag bestimmen kann.

Wirkliche Gefahren müssen erkannt werden. In unserer Zeit lassen sich Gefahren aber nicht immer so offensichtlich erkennen wie bei unseren Vorfahren. Es sind heute nicht mehr Säbelzahntiger, sondern zum Beispiel Klimakatastrophen, vor denen es schwer ist wegzurennen. Heute erkennen wir Gefahren oft nicht auf den ersten Blick. Gefahren, die wahrgenommen, aber nicht einschätzbar sind, sind starke Stressoren. Die Zunahme der stressbedingten Krankheiten hat etwas mit dieser Uneinschätzbarkeit zu tun. Sie hat aber auch etwas damit zu tun, dass das Interesse von Menschen bewusst mit Angst und Gewalt gehalten wird. Medien wissen, wann Menschen hinsehen und was Einschaltquoten verbessert. Wir sollten erkennen, wodurch und zu welchem Preis unsere Aufmerksamkeit gefesselt wird.

Vor Gefahren müssen wir uns schützen. Gefahr ist und bleibt aber für uns der stärkste Stressor. In diesem Sinne ist es nicht egal, was täglich auf uns einfließt und wem und welchen Dingen wir unsere Aufmerksamkeit schenken.

„Der Optimist hat nicht weniger oft unrecht als der Pessimist, aber er lebt froher."
(Charlie Rivel[2])

Die meisten Menschen denken oft daran, was im Leben schiefgehen könnte. Häufig bleiben die Gedanken auch an Ereignissen hängen, die schiefgegangen sind. Wir neigen dazu, viel Zeit zum Denken an negative Ereignisse bereitzustellen.

Pessimistische Gedanken breiten sich oft wie Unkraut aus und verdrängen das Wachstum optimistischer Gedanken. Ein Zahnarzt berichtet: „Komisch, die meisten Menschen gehen immer nach einer Zahnbehandlung mit der Zunge direkt in die Wunde und wundern sich, dass es wehtut."

So können Wunden nicht heilen. Auch negative Gedanken hinterlassen und verursachen Wunden, die nicht heilen können, wenn wir sie nicht ruhen lassen. Negative Gefühle verbrauchen viel Energie.

Positive Gefühle schenken uns Energie und bauen Ressourcen auf. Positives kann aber nur erkannt werden, wenn wir uns die Zeit nehmen, das Gute in unserem

Leben wahrzunehmen. Eine positive Grundeinstellung hat eine öffnende Wirkung.

Optimisten ziehen Möglichkeiten in Betracht, die Pessimisten wenig wahrnehmen. Pessimismus ist, wie Optimismus, eine Lebenseinstellung. Optimisten ärgern sich auch und sie sind auch mal pessimistisch. Der Unterschied liegt in der Dauer und der Haltbarkeit der negativen Gedanken. Optimisten verlieren auch in Krisen weniger den Blick für die kleinen Glücksmomente des Lebens.

„Das Leben besteht aus vielen kleinen Münzen, und wer sie aufzuheben versteht, hat ein Vermögen."
(Jean Anouilh[3])

Verstimmte Instrumente erkennt man an ihrer Stimmung. Schlecht gelaunte Menschen auch.

Kolleg*innen, Partner*innen mit ausgeprägter schlechter Laune verbreiten schlechte Stimmung. So erfreut uns mancher Mensch, wenn er kommt, und mancher erst, wenn er geht.[4] Schlecht gelaunte Zeitgenossen gehören häufig in die zweite Gruppe.

Wer verstimmt ist, verkennt leichter die kleinen Freuden des Tages. Auch die eigenen Potentiale werden bei einer schlechten Stimmung weniger genutzt.

Wir haben immer eine Stimmung. Nicht nur für uns selbst, sondern auch für unsere Mitmenschen ist es von Bedeutung, dass wir uns bewusst machen, wie wir gerade gestimmt sind. Eine gute Stimmung, die auf andere wirkt, fängt mit einem freundlichen Gesicht an. Wir haben oft das Glück, bei eigener schlechter Laune unser Gesicht nicht sehen zu müssen. Leider gehören die Menschen, die uns begegnen, nicht zu diesen glücklichen.

Wir alle werden es erlebt haben, wie wir oder andere mit schlechter Laune Umgebungen belasten. Fällt es uns auf, wenn wir andere mit unseren Launen belasten, sind wir auf dem Weg der Selbsterkenntnis.

Gut ist es, wenn wir ein Gefühl dafür bekommen, wann wir uns selbst in eine schlechte Stimmung bringen. Nach Trennungen kann man oft beobachten, dass alte Liebesbriefe gelesen, Bilder von dem Ex-Partner, der Ex-Partnerin angesehen werden. Lieder, die wir in schönen gemeinsamen Momenten gehört haben, werden abgespielt, und wir wundern uns, dass wir uns immer schlechter fühlen.[5] Zur Trauerverarbeitung nach einer Trennung kann das alles gehören, aber die Frage ist, ob es einem weiterhilft. Während man selbst in der Vergangenheit schwelgt, sich wehmütig die Bilder ansieht, romantische Musik Tränen hervorruft, erfreut sich der Ex-Partner oder die Ex-Partnerin vielleicht gerade in vollen Zügen an der Gegenwart.

Gerade wenn unsere Stimmung nicht gut ist, ist es wichtig, den Blick auf die kleinen Freuden des Tages zu lenken. Die schöne Tasse, aus der wir den Kaffee trinken, der Sonnenaufgang, den wir sehen durften, das Lächeln eines Menschen, das uns galt, die Arbeit, die heraus-, aber nicht überfordert, sind nur einige der kleinen Freuden-Münzen, die es gerade in schweren Zeiten täglich aufzuheben gilt.

„Nichts auf der Welt wirkt so ansteckend wie Lachen und gute Laune."

(Charles Dickens)

Unbewusst prüfen wir die Gesichtsausdrücke anderer Menschen. Wir suchen nach Zeichen, die zeigen, dass von einem Menschen keine Gefahr ausgeht und dass er uns bestenfalls wohlgesonnen ist. Ein freundlicher Gesichtsausdruck hat daher eine entspannende Wirkung auf uns. Gemeinsame Freude bewirkt Ähnliches, sie ist nur intensiver. Gemeinsames herzhaftes Lachen dient nachweislich der Entspannung und dem Stressabbau.

Das ist kein Wunder. Menschen, die sich mit uns freuen, strahlen keine Gefahr aus. Beim Lachen verlieren wir unser Misstrauen. Wer weniger Misstrauen hat, öffnet sich leichter. So stimuliert und fördert gemeinsame Freude die Solidarität von Menschen.

Freude hat eine ansteckende Wirkung mit gesundheitsfördernden Nebenwirkungen. Lachen entspannt. Gemeinsames Lachen hat eine potenzierende Wirkung. Wenn wir mit niemandem eine Freude teilen können, bedeutet das, dass sie sich nicht potenziert. Werden bei Festen oder Treffen mit Freunden gemeinsame lustige Erlebnisse erzählt, wird die Stimmung in der Regel immer fröhlicher. Gemeinsames Lachen bringt die Angst zum Schweigen. In Momenten ausgelassener Fröhlichkeit hat Angst keinen Raum. Wer herzhaft lacht, kann nicht gleichzeitig an Probleme denken. Negative Gedanken können zwar nach der Fröhlichkeit wieder zurückkehren, aber der Körper und die Seele hatten Freude und Entspannung.

Lachen ist die beste Medizin, deren Nebenwirkungen auch anderen Menschen Freude schenken. Beim Lachen bilden wir Glückshormone und bauen Stresshormone ab. Lachen schenkt Energie, da wir beim Lachen mehr Sauerstoff aufnehmen.

Lachen ist Bauchmuskeltraining mit Spaß. Wer über eine längere Zeit lacht, kann daher auch einen Lachmuskelkater bekommen. Für einen Lachmuskelkater muss man sich in keinem Fitnessstudio anstrengen. Es reicht, mit anderen Menschen Spaß zu haben.

Wie man in den Wald hineinruft, so schallt es heraus

Eine schlechte Stimmung kann Freude und gute Laune im Keim ersticken. Menschen in Führungspositionen, die schon am Morgen Negatives berichten und den Mitarbeitenden sagen, was sie alles nicht richtig gemacht haben, zerschlagen Motivation und Lebensfreude. Gerade für Mitarbeitende, die mit anderen Menschen arbeiten, hat so ein Einstieg Auswirkungen, die ganze Atmosphären vergiften können. Wer morgens gutgelaunt zur Arbeit kommt, dann aber auf einen Menschen mit ausgesprochen schlechter Laune und Nörgelmentalität trifft, verliert, wenn er nicht aufpasst, seine gute Laune und seine Motivation. Schlechte Laune ist wie ein Virus mit Sofortwirkung. Dieses gilt auch für Gesprächsrunden, in denen nur Negatives berichtet wird. Unfreundliche Menschen sollten wir bestenfalls als Entwicklungschance ansehen. Merken wir bei einem negativen Gespräch, dass unsere Stimmung kippt, sollten wir für einen Themenwechsel sorgen. Für eine positive Wendung von negativen Gesprächen ist es wichtig, etwas zu finden, was positive Gefühle auslöst.

Wenn alles nicht hilft, hilft nur, vergiftete Atmosphären so schnell es geht zu verlassen. Giftige Substanzen meiden wir. Menschen, die mit ihrer schlechten Laune Gift versprühen, sollten wir auch nicht zu lange auf uns wirken lassen.

Doch auch wir selbst haben es täglich in der Hand, Raumatmosphären zu verbessern. Jeder Mensch kann mit der eigenen Freundlichkeit etwas beitragen. Denn auch wir wirken auf andere Menschen, und wir lösen in ihnen das Gleiche aus, was wir bei anderen Menschen bewirken können. Freundlichkeit macht sympathischer. Freundlichkeit und Freude können sich auch wie ein Virus verbreiten. Dieses Virus ist das einzige, dessen Verbreitung wir nicht stoppen sollten.

Vorfreude ist die schönste Freude

Wer kennt nicht die Vorfreude auf den ersehnten Urlaub oder auf das erste Date? Die Zeit der Vorfreude ist die Zeit *vor* der erwarteten Freude. Heute wissen wir, dass gerade die Vorfreude besonders stimmungsaufhellend ist. Schon bei der Vorfreude werden Glückshormone ausgeschüttet und Stresshormone abgebaut. Mit der Vorfreude vor dem Urlaub beginnt also schon die Erholung.

In der Vorfreude entstehen in der Fantasie Bilder vom Moment der erwarteten Freude. Diese Bilder heben unsere Stimmung. Je klarer und enger die Erwartungen, desto größer die Gefahr, dass es nicht genau so kommen wird. Eine Enttäuschung tritt dann ein, wenn wir uns getäuscht haben. Wer weniger erwartet, wird weniger durch zu klare Vorstellungen enttäuscht werden. Wer allerdings gar nichts erwartet und erhofft, entwickelt keine Vorstellung von dem, was kommen könnte.

Die Vorfreude nährt sich von den Fantasien, was Schönes in der Zukunft zu erwarten ist. Zu enge und zu hohe Erwartungen gefährden die Vorfreude. Wer auf einem Instrument „Fuchs, du hast die Gans gestohlen" spielen kann, wird kaum in wenigen Tagen bei den Philharmonikern spielen. Ob es irgendwann möglich sein wird, ist nicht ausgeschlossen. Viel zu hohe und unrealistische Erwartungen sind und bleiben Freudenräuber. Tritt nie ein, was wir erwarten und erhoffen, dann verlieren wir den Glauben an die Vorfreude. Die Vorfreude braucht die Vorstellung, was Schönes eintreten könnte.

Erlebte Vorfreude ist deshalb die schönste Freude, weil sie uns nie mehr genommen werden kann.

Erlebte Freude kann erwachen

Erlebte Freude ist wie eine Geldanlage mit Erhaltungssicherheit.

Auf eine Geldanlage können wir zurückgreifen, wenn wir sie brauchen. Auf Erinnerungen der Freude auch. Freudenbiografien sind besonders im Alter von großer Bedeutung. Können alte Menschen von Jugendstreichen, lustigen Erlebnissen und Späßen erzählen, verändert sich ihre Stimmung. Was da war, haben wir erlebt. Die große Liebe, Jahre der Gesundheit, der Erfolg im Leben – alles hat durch die Erinnerung einen bleibenden Wert. Beim Erzählen freudiger Erlebnisse erwacht die Freude erneut.

Fragen, wie „Was hat dir als Kind besondere Freude bereitet?" oder „Was war eine besonders lustige Geschichte in deinem Leben?", können für Momente Leichtigkeit ins Leben bringen. Diese Leichtigkeit wirkt nicht nur auf den, der erzählt, sondern auch auf den, der es hört. Nach Freude und Unbeschwertheit sehnen wir uns besonders in schweren Zeiten. Genau dann sollte vom Freudenkonto abgehoben und ausgeteilt werden.

Das Leben ist (k)ein Wunschkonzert

„‚Das Leben ist kein Wunschkonzert', sagt meine Mama immer, wenn ich aus dem Wünschen nicht mehr rauskomme. Wanda sagt etwas anderes. Sie sagt immer: ‚Wünschen, Rosalie, wünschen, kann man sich alles.'"
(Sabine Bohlmann[6])

Zu Geburtstagen und besonderen Anlässen übermitteln wir Wünsche. Wir sagen „Herzlichen Glück*wunsch*", was eigentlich bedeutet, dass wir einem anderen Menschen für sein neues Lebensjahr von Herzen Glück wünschen. Auch wenn ein Mensch etwas erreicht hat, übermitteln wir Glückwünsche, zum Beispiel zur bestandenen Prüfung oder einer Beförderung. Mit Glückwünschen für erreichte Ziele können wir unsere Anerkennung und unsere Mitfreude zum Ausdruck bringen.
Sagen wir: „Das Leben ist kein Wunschkonzert oder kein Honigschlecken.", bringen wir zum Ausdruck, dass das Leben nicht immer leicht und alles andere als immer ein Vergnügen ist. Wie viele Kinder haben wohl schon bei

ihrer Einschulung den Satz „Jetzt beginnt der Ernst des Lebens." hören müssen.

Mit sechs Jahren schon zu erfahren, dass Lernen anscheinend nichts mit Freude, sondern nur mit Ernst zu tun hat, ist nicht sehr motivierend. Das Schlimmste aber ist, dass Worte Wirkungen hinterlassen. Diese Aussagen können wie eine sich selbsterfüllende Prophezeiung wirken.

Je mehr Bedeutung ein Mensch für einen anderen Menschen hat, desto mehr Kraft haben seine Worte. In diesem Sinne sollten wir gut darauf achten, wo wir mit unseren Worten Lebens- und Lernfreuden gefährden.

Kein Leben ist und bleibt immer sorgenlos, aber kein Leben ist auch immer nur ernst. Sich selbst und einem anderen Gutes zu wünschen, zeigt, dass der Glaube an das Gute da ist.

Jeder Mensch, egal wie alt er auch sein mag, braucht bei neuen Lebensschritten Menschen, die energetisieren und ermutigen. Nicht nur Kinder brauchen solche Menschen. Diejenigen, die sagen: „Das Leben ist kein Wunschkonzert." oder „Nun beginnt der Ernst des Lebens.", gehören nicht zu diesen Energetisierern. Sie haben oft selbst sehr früh die Freude am Wünschen und am Lernen verloren. Dem Ernst des Lebens wird jeder Mensch einmal begegnen. Wer die Gelegenheit hatte, vorher von dem Honig der Lebensfreude zu kosten, und wem andere Menschen oft von Herzen Glück wünschten, der wird dem Ernst selbstbewusster entgegentreten. Der Ernst des Lebens bietet immer eine Chance. Das Meistern schwerer Lebenssituationen oder Phasen führt zu einer Verbesserung des Selbstwertgefühls und zum Erlernen von Handlungsstrategien.

Menschen, die ihre angeborene Freude am Lernen nicht verloren haben und die auf ihrem Lebensweg energetisierenden Menschen begegnen, glauben eher, dass etwas wieder besser werden kann. Diese Menschen finden immer wieder die notwendige Energie, um schwere Lebensphasen zu überwinden oder Lebensziele zu erreichen.

Spaßverderber und Freudenräuber

Stefanie kommt mit einem Buch nach Hause. Sie erzählt ihrem Ehemann Frank, dass das Buch endlich gekommen sei, auf das sie sich so lange gefreut habe. Frank erwidert: „Wo soll das denn noch stehen?"

Jens hat im Garten Beete vorbereitet. Freudig erzählt er seiner Freundin Malu, was er alles geschafft hat. Malu antwortet: „Die zwei letzten Beete fehlen aber noch."

Eva kommt von einem Treffen mit Freundinnen nach Hause. Sie berichtet Lasse, dass sie viel Spaß hatte. Lasse erwidert nur: „Die Kinder waren echt anstrengend heute."

Der Schüler Anton hat von vier leichten Rechenaufgaben das erste Mal eine richtig. Der Lehrer sagt: „Du hast bei vier Rechenaufgaben wieder drei falsche Ergebnisse."

Wir wissen nicht, ob Frank recht hat und wirklich wenig Platz für neue Bücher da ist. Im Garten von Malu und Jens wird noch etwas zu tun sein. Auch die Kinderbetreuung wird für Lasse wirklich anstrengend gewesen sein. Der Schüler Anton hat bei vier Aufgaben tatsächlich drei falsche Ergebnisse.

Stefanie, Jens, Eva und Anton haben etwas gemeinsam: Sie alle werden erlebt haben, wie ihre Freude weniger wurde.

Sie sind auf Spaßverderber und Freudenräuber gestoßen. Im Alltag kommt es immer wieder vor, dass wir uns gegenseitig der Freude berauben. Generell neigen wir dazu, anderen Menschen die Freude auf die Weise zu verderben, wie wir es selbst oft erlebt haben.

Gerade in Partnerschaften ist es von großer Bedeutung, zu erkennen, wann man Freuden im Keim erstickt. Die wenigsten werden dieses bewusst und aus niederen Motiven tun. Aber wir alle werden es schon einmal gemacht haben. Wir werden leicht zu Spaßverderbern, wenn wir uns nicht mitfreuen konnten und wenn wir uns belastet fühlen. Wer der Partnerin oder dem Partner die Freude verdirbt, beraubt sich selbst der Freude. Dem Moment der Genugtuung folgt nämlich nur allzu oft eine schlechte Stimmungslage. Die Kunst, freudige Momente zu erhalten, besteht darin, Anteil zu nehmen. Der Schüler Anton hatte nicht nur drei Aufgaben falsch gerechnet, sondern das erste Mal eine Aufgabe richtig – eigentlich ein Grund zur Freude. Spaßverderber und Freudenräuber sehnen sich selbst meistens nach nichts mehr als nach Freude und Leichtigkeit. Doch Freudenräuber bekommen schnell Komplizen, und das werden schnell diejenigen, die sie der Freude beraubt haben.

Wie Sie bereits wissen, ist es nicht egal, was wir in den Wald hineinrufen. Möchten wir, dass Freude herausschallt, sollten wir nicht zu Spaßverderbern und Freudenräubern mutieren.

Wer möchte nicht gesehen werden

Wer in einer Partnerschaft das Gefühl hat, nicht gesehen zu werden, wird sich über dieses Gefühl nicht freuen. Wer sagt: „Du siehst mich nicht.", bringt zum Ausdruck, dass etwas fehlt.

Fehlt die Sicht für die Bedürfnisse füreinander, sollte man diese Fehlsichtigkeit zügig behandeln. Hier darf es auf keinen Fall zu einer Erblindung führen, denn das könnte nur allzu schnell bedeuten: aus den Augen, aus dem Sinn. Wo die Einsicht für das eigene Wohlergehen und das des Partners oder der Partnerin fehlt, sollte unser Blick nicht zu lange abschweifen. Partnerschaften, in denen sich die Partner aus den Augen verlieren, tragen selten zu unserer Lebenszufriedenheit bei.

Wo zwei Menschen aufeinander treffen, besteht immer die Möglichkeit, dass es zwei verschiedene Meinungen geben kann. Unser eigener Blickwinkel ist uns bekannt, der Blickwinkel des anderen könnte unseren Blick erweitern. Die Kunst einer guten Partnerschaft ist es nicht, immer der gleichen Meinung zu sein, sondern mit der Meinung des anderen achtsam umzugehen.

Manchmal können in Partnerschaften alte, noch nicht geheilte Wunden früherer Auseinandersetzungen aufbrechen. Wo innerlich ein Film von früheren Verletzungen abläuft, brechen Wunden wieder auf. Hier sollten wir genau hinschauen. Jeder Mensch kann nur das vergeben, was ans Licht kommt. Eine pauschale Entschuldigung sagt noch nicht aus, dass gesehen wurde, was verletzt hat. Erst wenn etwas wirklich ausgesprochen und angesehen wird, weiß man sicher, dass es wahrgenommen wurde. Wer mit seinen Gefühlen gesehen wurde, kann leichter loslassen.

Partnerschaften fördern unsere Lebenszufriedenheit, wo *Partner* es *schaffen*, nicht den Blick für einander und für freudige Momente zu verlieren.

Herzhafte Freude

Spüren wir, dass Gesten, Handlungen und Gefühle nicht zusammenpassen, wird Misstrauen erweckt. Können wir Menschen nicht einschätzen, wird Unsicherheit erzeugt. Eine unechte Freude hat eine verunsichernde Wirkung. Wir können dann nicht mehr sicher davon ausgehen, dass diese Person uns wohlgesonnen ist. Da wir die Körpersprache anderer Menschen unbewusst erfassen, spüren wir Freuden-Schauspieler auf. Wer nicht fühlt, was er nach außen zeigt, erzeugt Stress. Wer wirkliche Freude spüren und auf andere übertragen möchte, muss sich auch wirklich freuen.

Am meisten steckt daher ein herzhaftes Lachen an. Wir spüren eben, ob Freude vom Herzen kommt.

Traumtänzer

Im Traum zu tanzen, kann durchaus ein Vergnügen sein. Wer allerdings im Leben unrealistische und kaum erreichbare Ziele verfolgt, kann leicht zu einem Traumtänzer werden.

Als Martin Luther King sagte: „I have a dream.", hatte er eine klare Vision und sein Ziel vor Augen. Er verlor nie den Glauben an die Verwirklichung seines Traumes. Ein großer Traum braucht ein klares Ziel und jemanden, der daran glaubt, dass sein Traum wahr wird. Wer, wie Martin Luther King, optimistisch in die Zukunft blickt, stärkt sein Durchhaltevermögen in der Gegenwart. Wir sagen zu recht: „Blick nach vorne." Genau das sollten wir tun, denn die Zukunft jedes Ziels liegt immer vor uns. Es hilft uns, Ziele zu visualisieren. Was wir visualisieren, haben wir als Möglichkeit erkannt.

Stellen wir uns zum Beispiel vor, einen Menschen mit seinem Lieblingsessen zu überraschen, dann ist der erste Schritt getan. Bleiben wir den ganzen Tag im Bett und träumen von den köstlichsten Menüvarianten, kann das durchaus Spaß machen. Leider macht ein im Traum gekochtes Essen niemanden satt. Die wenigsten Wünsche und Ziele lassen sich durch Träume verwirklichen. Träume können wahr werden, wenn wir, wie Martin Luther King, unseren Traum nicht aus den Augen verlieren und selbst aktiv werden.

Geschenkte Freude

Es sind die kleinen Geschenke, die uns im Alltag oft eine besondere Freude bereiten. Die Suppe, die der Nachbar bringt, wenn wir krank sind, das Telefon, das klingelt, wenn wir uns alleine fühlen, der Schokoladen-Osterhase, der vor der Tür steht, das Lieblingsessen, das auf uns wartet, wenn wir nach Hause kommen.

Haben Sie sich einmal gefragt, wie viele Menschen es eigentlich auf der Welt gibt? Wer ihnen eine Freude macht, hat Sie ausgesucht. Bedenken wir die Anzahl der Menschen auf der Welt, dann ist das eigentlich wie ein Lottogewinn. Jemanden, der sechs Richtige im Lotto hat, bezeichnen wir als Glückspilz. Hier sind wir uns bewusst, dass die Wahrscheinlichkeit, die richtigen Zahlen zu haben, nicht sehr hoch ist. Jeder Mensch, der uns eine Freude macht, hätte Milliarden Möglichkeiten, denn so groß ist die Weltbevölkerung.

Wir machen es uns oft nicht bewusst, welche Glückspilze wir täglich sind. Wenn Menschen plötzlich nicht mehr da sind, dann fällt uns oft auf, was sie uns täglich gegeben haben. Wir gewöhnen uns schnell an Alltagsfreuden und vergessen, dass sie nicht selbstverständlich sind. Wer uns sein Geld, seine Aufmerksamkeit und seine Liebe schenkt, zeigt uns, dass wir es ihm wert sind. Niemand muss das tun. Menschen, die den Blick für diese Alltagsgeschenke nicht verlieren, sind oft glücklicher. Wer uns eine Freude macht, wird für uns aktiv. Wer Freudenbringer achtet, wird glücklicher, denn jede erkannte Freude vermehrt unser Freudenkonto.

„Mehr als die Vergangenheit interessiert mich die Zukunft, denn in ihr gedenke ich zu leben."
(Albert Einstein[7])

Die Gegenwart ist jetzt. Der Zeitpunkt der Gegenwart liegt zwischen der Vergangenheit und der Zukunft.
Was sehen Sie bei einem Hamburger zuerst? Vermutlich werden Sie das Brötchen mit seinem Ober- und Unterteil vor Augen haben, vielleicht auch einen kleinen Teil der

Füllung. Die kleine Gurke hingegen, die sich in der Mitte befindet, wird nur allzuleicht übersehen.

Wer der Vergangenheit und der Zukunft zu viel Macht gibt, übersieht leicht die Chancen der Gegenwart. Freudige Erlebnisse in der Gegenwart bieten eine Hilfe gegen den seelischen Schmerz der Vergangenheit und dem noch Ungewissen der Zukunft. Jeden Tag dürfen wir uns dafür entscheiden, ob wir der Vergangenheit, der Gegenwart oder der Zukunft die stärkste Wirkung geben.

Tom hat sich vor einigen Tagen sehr über seinen Chef geärgert. Jeden Abend vor dem Einschlafen und am Morgen beim Aufwachen fühlt er wieder, dass dieser Ärger und das Gedankenkarussell beginnen.

Toms Chef hingegen denkt am Abend an seinen nächsten Urlaub und beim Aufwachen an den Sonnenaufgang, den er auf der Fahrt zur Arbeit wahrscheinlich sehen wird.

Toms Chef, dem Tom gerade seine meiste Lebenszeit schenkt, verschwendet keinen Gedanken an ihn. Eigentlich ist es Tom klar, vorüber er sich geärgert hat. Trotzdem spielt er die ganze Szene immer wieder vor seinem geistigen Auge ab. Dadurch gibt er ihr die Chance, sich in seinen Gedanken einzunisten.

Negatives, worüber wir uns ärgern, dauert oft nur Momente, negative Erlebnisse, die wir festhalten, können ganze Leben überlagern. Die Vergangenheit ist vorbei, wir können sie nur mit unseren Gedanken festhalten. Schöne Erinnerungen aus der Vergangenheit spenden Kraft, negative Erinnerungen, die wir nicht loslassen, bleiben Energieräuber.

Wer eigene Kleidung zur Kleiderkammer bringt, gibt etwas ab, was nicht mehr zu ihm passt. Der Partner, der nun eine andere Freundin hat, die Erfahrungen aus der Kindheit, die man gerne anders gehabt hätte, passen vielleicht auch nicht mehr in unser Leben. Wer zu lange an einem Menschen festhält, der schon lange weg ist, übersieht nur zu leicht den Menschen, der gerade vor ihm steht. Erfahrungen aus der Kindheit haben einen Einfluss auf unser Leben. Wir können diese Erfahrungen aber nicht mehr verändern. Was wir verändern können, ist nur die Gegenwart und den Blick in die Zukunft. Genauso wie wir nicht den ganzen Tag rückwärts laufen werden, sollten wir unsere kostbare Lebenszeit nicht mit negativen Gedanken rückwärts leben.

Die Hoffnung stirbt zuletzt

Hoffnung stimmt zuversichtlich. Die Hoffnung begleitet uns auch oft besonders in Zeiten, wo Hoffnungslosigkeit und Verzweiflung auch möglich wären. In unsicheren Lebenssituationen ist die Hoffnung eine der wichtigsten Energiequellen. Wer hofft, hat den Glauben daran nicht verloren, dass sich etwas ändern und besser werden kann. Es ist die Hoffnung, die Menschen in schweren Lebenssituationen nicht verzweifeln lässt.

Hoffnung benötigen wir besonders, wenn etwas aus unserer Kontrolle gerät. Je weniger wir selbst etwas dazu beitragen können, dass etwas besser wird, desto mehr bedarf es der Hoffnung. Als einzige Spezies können wir Menschen uns die Zukunft vorstellen. So wissen wir, dass im nächsten

Frühjahr die Natur erwachen wird. Unsere Freude am Erwachen der Natur zeigt, was Hoffnung bedeutet. Im Frühjahr beginnen Blumen und Pflanzen zu sprießen und sich zu öffnen.

Sehen Sie sich einmal Ihre Pflanzen auf der Fensterbank an. Jede Pflanze wendet sich dem Licht zu. Genau das tun wir auch, wenn wir hoffen. Niemand hofft auf dunkle, belastende Zeiten, unsere Hoffnung gilt immer einer frohen, hellen Zukunft.

Die Hoffnung zeigt, dass Menschen daran glauben, dass Unheil enden kann. Hoffnung schenkt Kraft.

„Weil meine Freundin so sehr daran geglaubt hat, dass ich es schaffen kann, verlor ich nicht die Hoffnung. Die Vorstellung einer besseren Zukunft gab mir die Kraft, mich von meiner Drogensucht zu befreien", sagte Jonathan, nachdem er schon viele Jahre clean war.

Eva wird von ihrem Mann geschlagen. Immer wieder erlebt sie Gewalt. Oft ist sie schon ins Frauenhaus geflüchtet. Evas Mann verspricht immer wieder, sich zu bessern. Seit Jahren geht das nun schon so.

Die Liebe lässt uns hoffen. Wer liebt, erträgt viel leichter schwere Zeiten. Liebe macht leidensfähig.

Menschen spüren, ob wir an sie glauben oder ob wir die Hoffnung aufgegeben haben. Jonathan spürte, dass seine Freundin den Glauben an ihn nicht verloren hatte. Sie hoffte, dass er sich von seiner Drogensucht befreien würde. Mit ihrer Hoffnung zeigte sie Jonathan, dass sie sich eine bessere gemeinsame Zukunft vorstellen konnte. Die Hoffnung kann uns aber auch Dinge aushalten lassen, die unser Leben lange negativ beeinflussen. Eva leidet seit Jahren. Sie erträgt nicht nur seelisches Leid, sondern ihr Leben ist bei den unkontrollierten Wutausbrüchen ihres Mannes regelmäßig akut gefährdet.

Es kann die Hoffnung sein, die Menschen bei gewalttätigen Partner*innen bleiben lässt. Manchmal lässt auch die Hoffnungslosigkeit Leid aushalten. Wer die Hoffnung verliert, sieht oft keinen Grund mehr zu handeln. Ohne Zukunftsperspektive fehlt die Kraft, die jeder Neuanfang und jede Veränderung brauchen.

Wir verlieren leicht die Hoffnung, wenn wir immer wieder etwas tun, dieses aber nicht hilft. Hoffnungslose Menschen brauchen Erfolgserlebnisse und Menschen, die an sie glauben. Wem nichts zugetraut wird, der traut sich weniger, neue Wege zu beschreiten. Kleine, erreichbare Ziele helfen, wieder Hoffnung in die eigenen Kompetenzen und Möglichkeiten zu bekommen.

Früher sagte man, wenn eine Frau ein Kind erwartete, sie sei froher Hoffnung. In verschiedenen religiösen Richtungen wird die Geburt eines göttlichen Kindes beschrieben. Jede Geburt zeigt, dass das Leben weitergeht und dass etwas Neues beginnt.

Wer immer dieselben Wege geht, erlebt übrigens selten Neues. Zu keiner Zeit war es so wichtig wie heute, dass wir die Hoffnung nicht verlieren. Die Hoffnung stirbt deshalb zuletzt, weil wir sie zum Überleben brauchen. Jeder Mensch, der sich oder einem anderen Menschen Hoffnung schenkt, zeigt die Möglichkeit, dass Gutes wahr werden könnte.

Inspiration

Bei einer Inspiration ergreift uns etwas, es fällt sozusagen in unser Leben ein. Wir haben dann einen Einfall. Wem etwas einfällt, überschreitet leichter die Grenzen der Routine.

Inspirierte Menschen sind voller Daseinsfreude und Begeisterung. Sie sprechen in ihrer Begeisterung leicht schneller. Die Begeisterung für einen Einfall, eine Idee wirkt belebend und lässt Lebensfreude spürbar werden. In unserer heutigen Zeit geht es oft darum, immer weiterzukommen. Eine positive Vision hingegen trägt uns oft in die Höhe des Lebens.

Die Inspiration braucht Freiheit. Viele Menschen haben oft gute Einfälle beim Spazierengehen in der Natur oder nach einem anregenden Gespräch. Da sich Kreativität nicht erzwingen lässt, sind Menschen, die nichts erzwingen wollen, leichter kreativ. Wer inspiriert ist, hat ein Interesse. Wo wir ein Interesse haben, lassen wir uns leichter inspirieren. Inspiration und Interesse haben eine belebende und erfreuende Wirkung.

Ein Spaziergang bringt nicht nur unseren Körper, sondern auch unseren Geist in Bewegung. Ein guter Film, ein Museumsbesuch können genauso inspirierend wirken wie das Lesen eines guten Buches oder ein anregendes Gespräch. Alles, was uns freudig belebt, bringt Flow in unser Leben. Etwas wirklich zu tun, was man schon immer wollte, ein Interesse auszuleben, was man in sich trägt, beflügelt das eigene Leben.

Um immer wieder Neues in unser Leben einzuladen, dürfen wir uns immer mal wieder fragen: Wann habe ich das letzte Mal etwas das erste Mal gemacht?

SINN

„Das Schicksal mischt die Karten, wir spielen."
(Arthur Schopenhauer[8])

Ein Kartenspiel wird sowohl vom Glück als auch vom Geschick beeinflusst. Wer seine Fähigkeiten einsetzt, Erfahrungen hat, das Spiel beherrscht, kann geschickt ausspielen. Welches Blatt nach dem Mischen in den Händen gehalten wird, ist immer unbekannt. Das Blatt lässt sich nicht ändern. Der einzige Einfluss auf ein Kartenspiel bleibt, das Beste aus dem Blatt zu machen. Mit Beginn jedes Spiels ist klar, dass sowohl der Sieg als auch das Verlieren möglich sind. Niemand hat immer die Hand voller Joker und niemand wird immer in der Siegesposition bleiben. Wer sich über einen Sieg freut und ihn nicht als selbstverständlich ansieht, hat mehr von ihm. Eine Person, die fair spielt, die nicht immer Erste sein muss, hat man gerne in einer Spielrunde.

Im Spiel zeigen sich, wie im Leben, gelebte Werte.

Wer die Konkurrenz in den Vordergrund stellt, wer schreit, wenn er verliert, wer vergisst, zu jubeln, wenn er gewinnt, wer nicht die Freude über einen Sieg mit den anderen teilen kann, kann ein einsames Spiel spielen.

Wer schon einmal ein Kartenhaus gebaut hat, weiß, wie wackelig es sein kann. Ein Kartenhaus hat kein Fundament. Das Haus, in dem Sie wohnen, hingegen wird zum Glück ein Fundament haben. Das Fundament eines Hauses sorgt für den nötigen Halt.

Sinnkrisen im Leben können, wie ein Erdbeben, alles erschüttern. Kein Lottogewinn, keine Berühmtheit und kein Machtgehabe machen uns krisenfest. Reichtum und Berühmtheit allein schenken keinen Lebenssinn. Sich kurzfristig gut zu fühlen, bedeutet noch nicht, das Gefühl zu haben, etwas Sinnvolles zu tun und für etwas gut zu sein.

Eine Zerstörung der Umwelt hat oft den Anfang in einem sinnlosen immer Mehr und dem Verlust von Lebenssinn. Gerade in unserer Wohlstandsgesellschaft spielt die Frage nach dem Sinn eine große Rolle.

Am Ende des Lebens wird nicht alleine das, was das Schicksal uns zugespielt hat, eine Rolle spielen, sondern das, was wir selbst in die Welt gesetzt haben.

Wie bei einem Kartenspiel können wir es uns nicht aussuchen, was das Schicksal uns zuspielt, aber wir dürfen entscheiden, was wir aussenden.

Hören Sie wieder auf die Stimme Ihres Herzens

Die Stimme des Herzens kann ein guter Kompass durch das Leben sein. Wo wir sie nicht mehr hören, können wir uns schnell verlaufen. Wer kennt nicht dieses mulmige Gefühl im Bauch, das plötzlich da ist.

„Immer wieder", sagt Julia, „hatte ich dieses komische Gefühl im Bauch. Eigentlich fühlte ich, dass ich in der Beziehung nicht glücklich war, aber alleine durch das Leben gehen, wollte ich auch nicht."

„Meinen Beruf mochte ich eigentlich nie wirklich", sagte Simon. „Ich habe ihn nur gewählt, weil er gut bezahlt wird. In meiner Tätigkeit sehe ich überhaupt keinen Sinn."

„Eigentlich wollte ich nie Klavier spielen, meine Liebe gilt dem Cello. Mein Vater ist aber Pianist, und es war sein größter Wunsch, dass ich auch eine gute Pianistin werde", sagte Klara nach ihrem Burn-out.

Heute fließen viele Stimmen auf uns ein. Werbung, Medien und andere Menschen können die eigene Stimme übertönen.

Klara wollte den Erwartungen ihres Vaters gerecht werden. Julias Bauchgefühl sagte ihr, dass etwas in der Beziehung fehlte, dass sie nicht glücklich war. Sie überhörte immer wieder ihre innere Stimme. Simon wählte einen Beruf, der ihn zwar finanziell absicherte, der ihn aber nicht erfüllte. In einer Leistungsgesellschaft kann man schnell verlernen, auf die eigene innere Stimme zu hören. Und doch meldet sie sich immer wieder. Sie versucht, dort durchzudringen, wo wir etwas tun, was uns nicht guttut. Die innere Stimme ist ein Teil von uns. Sie ist die Stimme unseres Herzens. Sie meldet sich besonders dann, wenn es wichtig ist zu wissen, was eigentlich das Beste für uns wäre. Die Stimme des Herzens kämpft um unsere seelische Gesundheit. Sie sagt uns, wo wir aufblühen könnten, was für uns sinnvoll wäre. Wer die Stimme des Herzens nicht zu oft durch die Vernunft zum Schweigen bringt, spürt noch, was das eigene Wohlbefinden verbessern könnte. Unser Gehirn ist der Ort unserer Entscheidungen – egal ob Herz- oder Vernunftentscheidung. Wir leben in einer Gesellschaft, die eher sachliche, rationale Argumente befolgt. Schnell wird etwas als zu leichtsinnig und risikoreich empfunden. Sachliche Entscheidungen sind oft eine Hilfe, aber sie machen nicht immer glücklich.

Hindernisse wird es auf jedem Weg geben. Wer etwas tut, was ihm Freude bereitet oder was ihm sinnvoll erscheint, geht seinen Weg nicht nur beschwingter, sondern wird auch Hindernisse besser ertragen. Die freudige Hingabe an etwas ist nicht das Gleiche wie eine sinnlose Aufopferung. Wer das, was er macht, als wertvoll empfindet, wer für sich sinnvolle Werte verwirklichen kann, erleidet selten ein Burn-out.

Wer mit dem, was er wirklich will, wieder in Berührung kommt, der verändert sich nicht nur, sondern er könnte sich verwandeln. Die Stimme des Herzens möchte uns mitteilen, wo unser Lebenssinn, unsere Kraftquellen stecken.

Spaßgesellschaft

Der Philosoph Epikur war der Meinung, dass das Glück in der Lust zu finden sei. Ein konträrer Ansatz ist bei dem Philosophen Immanuel Kant zu finden. Für Kant empfindet ein Mensch dann am meisten Glück, wenn er sich sittlich verhält und seine Pflichten erfüllt.

Aus der einen Lebensphilosophie könnte man schließen „Tu nur, was dir Lust bereitet.", aus der anderen „Zufrieden wirst du nur, wenn du etwas geschafft hast und Aufgaben und Pflichten erfüllst."

Spaß und Genuss allein können uns keinen Lebenssinn geben. Bei einer reinen Pflichterfüllung, die unser Wohlergehen aus den Augen verliert, gefährden wir unsere

Gesundheit. Denn wer sich wie ein Hamster im Hamster-rad befindet, den könnte das gleiche Schicksal wie einen Hamster ereilen. Hamster werden leider nicht sehr alt.

Die Natur zeigt uns, dass Leben Polarität braucht. Tag und Nacht, Licht und Dunkelheit, Wachsen und Vergäng-lichkeit. Wir sind ein Teil der Natur. Auch wir brauchen diese Polarität.

Wer sich wie ein Hamster im Hamsterrad dreht, ist ge-sundheitlich genauso gefährdet wie jemand, der sein Bett nicht verlässt, weil er keinen Sinn in seinem Leben sieht. Wer keinen Sinn im Leben findet, tröstet sich nur allzu leicht mit Ersatzbefriedigungen.

Konsumieren kann kurz ein Gefühl von Glück erzeugen. Nachhaltig glücklicher können materielle Werte über wirkliche Bedürfnisse hinaus nicht machen. Wer einen Lebenssinn und eine Aufgabe gefunden hat, spürt, wie gut sich eine Aufgabe und eine sinnvolle Tätigkeit anfühlen.

Jeder Mensch braucht eine Aufgabe

Als Emma geboren wurde, war Alex überglücklich. Jeden Tag ist er dankbar, dass er die Elternzeit nutzt. Alex sagt: „Ich sehe so viel von Emmas Entwicklung und erlebe so viele Dinge mit ihr, auf die ich nicht verzichten möchte."

Schon lange engagieren sich Gerhard und Greta ehrenamt-lich in der Beratung. „Es ist so eine erfüllende Aufgabe", sagen beide.

Jannika ist Musikerin mit Leidenschaft. „Wenn ich auf der Geige spiele, dann spüre ich, dass ich das mache, was mir

Freude macht. Nie hätte ich gedacht, dass der Beruf sich wie ein Hobby anfühlen kann."

Aufgaben des Lebens lassen sich in den Bereichen Liebe, Arbeit und Gemeinschaft finden.

Alex hat seine Aufgabe im Bereich Liebe gefunden. Die Liebe zu seiner Tochter lässt ihn auch schlaflose Nächte ertragen. Diese Liebe ist es auch, die die Freude an der Beobachtung Emmas und ihrer Entwicklung ausmacht.

Gerhard und Greta setzen sich regelmäßig für die Gemeinschaft ein. Sie haben das Gefühl, etwas Sinnvolles und Wichtiges zu tun.

Jannika kann in ihrem Beruf ihre Talente und ihre Leidenschaft einbringen. Sie hat eine für sie richtige Aufgabe im Bereich der Arbeit gefunden.

Wer eine Aufgabe hat, die erfüllt, die den eigenen Begabungen und Talenten entspricht, ist glücklicher. Wer seine Talente und Gaben einbringt, tut etwas für seine Lebenszufriedenheit.

In dem Begriff Aufgabe steckt der Begriff *Gabe*. Wenn wir etwas machen dürfen, was unseren Begabungen und Gaben entspricht, können wir etwas geben.

Wer Gaben weitergibt, bekommt auch etwas zurück. Alex erlebt die Freude und Zuneigung seiner Tochter, Gerhard und Greta spüren die Dankbarkeit der Menschen, denen sie helfen, Jannika sieht bei ihren Konzerten, wie sehr ihre Musik auch andere Menschen erfüllt.

Unsere Begabungen sind unser Potential. Wo liegen Ihre Begabungen? Wo liegen Ihre Interessen? Wo hatten Sie schon einmal einen Erfolg?

Die Antworten auf diese Fragen zeigen Ihnen, wo Ihre Talente liegen. Aufgaben, die den eigenen Begabungen und Talenten entsprechen, die uns erfüllen, führen weg von einem Gefühl der Sinnleere.

Wer seine Talente in den Dienst einer guten Sache stellt, wer etwas aus Liebe für andere Menschen tut, fragt selten nach dem Sinn seines Tuns.

Heute geht es viel um Selbstverwirklichung. Bedürfnisse sollen schnell befriedigt werden. Das Gefühl von Sinnlosigkeit erzeugt schnell neue Bedürfnisse. Konsum kann Sinnleere für kurze Zeit betäuben. Auch Alkohol und Drogen überdecken nicht selten einen fehlenden Lebenssinn. Lebensinn findet man aber selten, wenn man nur auf sich selbst bezogen bleibt. Lebensinn spürt man am meisten in der Hingabe an eine erfüllende Aufgabe.

Lebenssinn verleiht Ausstrahlung

Die keusche Schönheit wurde viele Jahre von der Kirche geprägt. Diesem Schönheitsideal entsprach Kleidung, die nicht zu viel Haut zeigte. Lange Zeit war ein blasser Teint gefragt. Er galt als Zeichen des Wohlstands, denn wer es nicht nötig hatte, auf dem Feld und draußen zu arbeiten, konnte seinen hellen Teint eher behalten. Für einen noch besseren hellen Teint benutzten die Menschen früher sogar Mehl.

Seit jeher bestimmen Eliten das Schönheitsideal. Galt eine rundliche Frau zu einer Zeit als schön, wurde zu einer anderen Zeit die überschlanke Twiggy das Schönheitsideal. In den 60-er Jahren wurde Schönheit zu einem Massenprodukt. Mit Kleidung, Kosmetik, Frisuren und Zeitschriften ließ und lässt sich bis heute viel Geld verdienen.

Heute möchten wir möglichst lange jung aussehen. Der Spruch „Kleider machen Leute." zeigt, dass Kleidung uns äußerlich aufwerten kann. Die wenigsten Ehepaare werden in Badehose und Badeanzug zum Standesamt gegangen sein. Kleidung kann Wertschätzung sichtbar machen. Wer als Gast zu einer Hochzeit nicht im Bademantel erscheint, zeigt nicht nur gesellschaftlich anerkannte Werte, sondern möchte vielleicht dem Hochzeitspaar durch die eigene Kleidung Wertschätzung entgegenbringen.

Unser äußeres Erscheinungsbild wirkt auf andere. Genau aus diesem Grund würden die wenigsten bei einem Passfoto das T-Shirt mit den Marmeladenflecken anlassen. Auch zu einem Bewerbungsgespräch werden die wenigsten im Taucheranzug erscheinen, es sei denn, sie bewerben sich bei einer Tauchschule.

Kleidung hat eine Wirkung. Wer sich Schuhe für 5000 Euro kauft, wer ein Vermögen in Kleidung steckt, hat aber leider keine Garantie dafür, als schön empfunden zu werden. So nehmen fast alle Menschen Schönheit auch trotz ärmlicher Kleidung wahr.

Ein Lächeln und ein Lachen empfinden wir immer schön, wenn es von Herzen kommt. Wer von innen etwas ausstrahlt, erreicht andere Menschen. Was nützt die schönste Kleidung, wenn der Mensch, der sie trägt, unfreundliche Gesichtszüge hat.

Menschen, die einen Sinn im Leben gefunden haben, die etwas tun, was sie erfüllt, sind zufriedener. Zufriedenheit strahlt man genauso aus wie Unzufriedenheit. Zufriedene Menschen, die immer wieder bei dem, was sie tun, Freude empfinden, sind entspannter. Freundliche, entspannte Menschen fördern unsere Offenheit und haben zudem oft eine schöne Ausstrahlung.

Unser Leben kann nur den Sinn bekommen, den wir ihm geben

Zu Sinnkrisen kann es kommen, wenn Werte bedroht werden oder verlorengehen.

Femke ist Ärztin geworden, weil sie Menschen helfen wollte. Täglich muss sie sich nun mehr mit der Wirtschaftlichkeit der Klinik als mit dem Wohl kranker Menschen befassen.

Nele hat herausgefunden, dass ihr langjähriger Freund sie betrügt. Sie sagt: „Ich habe das Gefühl, als hätte ich den Boden unter den Füßen verloren."

Paul hat für seinen Beruf gelebt. Für ihn war der Beruf das Wichtigste in seinem Leben. Mit dem Eintritt in den Ruhestand überkam Paul eine schwere Sinnkrise.

Femke sind die Werte Nächstenliebe und Gesundheit als Ärztin wichtig. Sie empfindet, dass ihre Werte zunehmend durch wirtschaftliche Interessen verlorengehen.
Nele war Treue immer sehr wichtig. Sie muss nun erleben, dass dieser Wert in ihrer Beziehung zum jetzigen Zeitpunkt verlorengegangen ist.
Paul hat für seine Arbeit gelebt. Mit dem Rentenbeginn ist der Wert, für den es sich für Paul zu leben lohnte, nicht mehr da. Wenn die Arbeit der einzige Sinnspender im Leben ist, dann kann man mit dem Rentenbeginn oder einem Arbeitsplatzverlust in eine tiefe Lebenskrise stürzen. Alles auf eine Karte zu setzen, ist nicht nur im Spiel gewagt, sondern auch im Leben. Wer außerhalb der Arbeit Hobbys und Interessen hat, ist zum Ende der Arbeitszeit besser vor einer Lebenskrise gewappnet.

Wer, wie Femke, zunehmend eigene Werte in seinem Beruf nicht mehr ausleben kann, ist gefährdet, die Freude an der Tätigkeit zu verlieren. Irgendwann kann der innere Widerspruch von Wertvorstellung und mangelnden Möglichkeiten des Auslebens dieser Werte Stresserkrankungen begünstigen.

Gehen Werte verloren, können Menschen das Gefühl haben, dass ihnen, wie bei Nele, der Boden unter den Füßen wegbricht.

Etwas, was für uns wertvoll ist, hat für unser Leben eine besondere Bedeutung. Welche Wertvorstellungen wir innerlich haben und welche Werte wir nach außen senden, macht uns als Mensch aus. Da der Lebenssinn individuell sehr verschieden ist, können sich Menschen nur selbst dafür entscheiden, was für sie wirklich Sinn macht. Jede Sinnkrise ist immer mit dem Gefühl der Einschränkung oder dem Verlust von eigenen Werten verbunden.

Wer mit Liebe für andere Menschen Marmelade kocht, kann in dieser Tätigkeit genauso einen Sinn sehen wie jemand, der seinen Lebenssinn in der Gründung einer Wohltätigkeitsorganisation gefunden hat.

Wer auf Sinnstifter wartet, wer allem Neuen und jeder Auseinandersetzung aus dem Weg geht, findet schwer den eigenen Lebenssinn. Menschen, die eine für sie sinnvolle Tätigkeit ausüben, haben irgendwann gemerkt, dass ihnen genau das Spaß macht. Lebenssinn finden wir nie in der Passivität. Wer einen Sinn im Leben finden möchte, muss sich ausprobieren. Ein gelebter Lebenssinn braucht immer die Praxis und das Tun.

Wachstum und Entwicklung

Wachsen ist vom ersten Tag des Lebens ein Grundbedürfnis jedes Menschen. Bei der Körpergröße und der Sprache lässt sich gut veranschaulichen, was Wachstum und Entwicklung für einen Menschen bedeuten. Wir alle werden vom Zeitpunkt unserer Geburt an gewachsen sein, und wir alle werden heute mehr sprechen können. Bei Kindern können wir beobachten, wie sie sich täglich mit Freude weiterentwickeln.

Erwachsene hingegen lassen sich häufig in die Routinen und Gewohnheiten des Alltags verwickeln. Daher müssen sie sich manchmal erst wieder *entwickeln*.

Wahrscheinlich würden Sie sich wundern, wenn sich Ihre Partnerin oder Ihr Partner bei jeder Auseinandersetzung auf den Boden werfen und mit den Beinen strampeln würde. Bei einem Kind würde Sie dieses Verhalten weniger verwundern als bei einem Erwachsenen.

Wenn wir zu einem erwachsenen Menschen sagen, er verhalte sich kindisch, dann meinen wir, dass eine Entwicklung in einem Bereich nicht stattgefunden hat.

Eine reife Persönlichkeit hingegen zeigt eine emotionale Reife, und wir spüren an ihr, dass eine Persönlichkeitsentwicklung stattgefunden hat.

Probleme und Sinnkrisen können uns die Gelegenheit bieten, zu zeigen, was wir können, was wir im Leben gelernt haben. An Problemen und Krisen, die wir bewältigen, können wir wachsen und unsere Persönlichkeit entwickeln.

Wo wir den Glauben an unsere eigene Entwicklung nicht verlieren, muss eine Sinnkrise kein Ende sein – sie kann zu einer Wende führen.

Drei Wege, den eigenen Lebenssinn zu finden

1. Werden Sie aktiv

Wer ein schönes Gericht kocht, ein Kunstwerk, eine Komposition oder die Dekoration der Wohnung fertigstellt, hat nicht nur etwas geschafft, sondern etwas erschaffen. Das Gefühl von Sinn stellt sich dann besonders ein, wenn wir etwas tatsächlich fertigstellen. Das Wort Erfolg beinhaltet, dass etwas erfolgt ist. Erfolg spüren wir dann, wenn etwas nicht nur in unseren Gedanken bleibt oder nur angefangen wird, sondern wenn wir etwas fertigstellen. Wer alle Zutaten für das Kochen von Marmelade kauft, aber sie nie kocht, wer ein Buch schreiben möchte, aber noch kein Wort geschrieben hat, wird das Gefühl von Erfolg nicht erleben. Lebenssinn braucht unser Handeln und die Umsetzung in die Tat.

2. Wertschätzung und Erlebnisse

Wer mit allen Sinnen Musik hört, ein Theater, ein Museum oder ein Konzert besucht, erlebt etwas. Wer kulturell, zwischenmenschlich oder in der Natur etwas erlebt, könnte etwas entdecken, was für das eigene Leben von Wert ist. Erleben können wir nur dann etwas, wenn wir auch Erlebnisse suchen. Wer keinen Werten begegnet, findet schwer einen Wert. Wer immer das Gleiche tut, erlebt das Gleiche.

Wagen Sie mal etwas Neues. Bleiben Sie nicht nur zu Hause. Suchen Sie den Weg in die Natur, nutzen Sie kulturelle Angebote und treten Sie mit anderen Menschen in Kontakt.

Suchen Sie sich aus, was am besten zu Ihnen passt, was Ihnen Freude bereitet. Manchmal kommen gute Dinge direkt zu uns, aber das ist eher selten. Daher sollten wir uns auf den Weg machen, um ihnen zu begegnen.

3. Machen Sie sich Ihre Einstellung zum Leben bewusst
Es ist nicht egal, ob wir ein Glas als halb voll oder halb leer betrachten.

Wer denkt, dass alles nur noch schlimmer wird, sieht das Glas als halb leer an. Wer das Gefühl hat, dass andere es immer besser haben, verstärkt sein Leid. Wie Sie schon wissen, sind wir Menschen evolutionstechnisch darauf geprägt, Gefahren zu erkennen. Ein blindes positives Denken wäre also nicht die Lösung. Wichtig ist aber, dass wir uns nicht mit unnötigen negativen Dingen belasten. Zuviel negatives Denken raubt uns Energie. Negative Gedanken blockieren unser Gehirn. Kreisende Gedanken fangen immer wieder ohne Ergebnis von vorne an. Es ist so, als würde man einen Motor unaufhörlich auf Volltouren laufen lassen und dabei stehen bleiben. Wer den Automotor im Stehen laufen lässt, kommt nicht voran. Negative Gedanken, die immer wieder unser Gehirn blockieren, lassen uns auch nicht weiterkommen. Denn wir verhalten uns entsprechend unserer eigenen Erwartungen. Wer etwas Negatives erwartet, wird auch eher Negatives erleben. Die Entdeckung des Lebenssinns braucht Offenheit. Negative Gedanken machen nicht offen. Deshalb ist es wichtig, einmal zu prüfen, in welche Richtung die eigenen Gedanken die meiste Zeit des Tages gehen. Für unser Wohlergehen und für das Gefühl, ein sinnvolles Leben zu führen, ist und wird es nie egal sein, ob wir ein Glas als halb voll oder halb leer betrachten.

BEWEGUNG UND NATUR

Bewegung ist Teil des Lebens

Unsere Vorfahren haben sich nicht nur bei der Jagd bewegt, Bewegung rettete nur allzu oft ihr Leben. Es wäre für sie äußerst ungünstig gewesen, sitzen zu bleiben, wenn ein hungriger Säbelzahntiger zu Besuch gekommen wäre. Wer hier nicht flüchtete oder mit Verteidigung reagierte, wurde leicht zu einer Säbelzahntigerspeise.

Zwischen unseren Vorfahren und uns liegt eine lange Zeit. Unsere Reaktionen bei Stress haben sich aber nicht verändert. Um aufmerksam sein zu können, werden bei Stress sowohl unser Gehirn als auch unsere Nervenbahnen blitzschnell stärker durchblutet. Unsere Atmung wird schneller und ihr Schwerpunkt wird zwecks besserer Sauerstoffversorgung auf die Einatmung gelegt. In Stresssituationen schlägt unser Herz vermehrt und unser Blutdruck steigt an. Die Durchblutung unserer Skelettmuskulatur wird gesteigert, um hiermit eine bessere Sauerstoffversorgung zu gewährleisten, und die Körpermuskulatur wird angespannt.

Der Stoffwechsel wird in Stresssituationen hochgefahren, und es kann zu einem vermehrten Harndrang und Durchfall kommen. Mit dieser Reaktion möchte der Körper unnötigen Ballast abwerfen. Unter akuter Stressbelastung kommt es außerdem zu einem Anstieg der Killerzellen im Blut. Bei einem Kampf können Wunden entstehen. Für unsere Vorfahren war es daher wichtig, dass Fremdkörper, die durch Wunden in die Blutbahn gelangten, schnell bekämpft wurden. Heute funktioniert dieser Schutz weiterhin.

Ein weiter Schutz ist, dass unter Stress Schmerzhemmstoffe, die Endorphine, ausgeschüttet werden. Leider ist der Endorphinspeicher begrenzt, so dass die schmerzhemmende Wirkung nur für eine kurze Zeit anhält.

Bei längeren Stressepisoden, wie wir sie heute kennen, kommt es aber leider durch diese körperliche Reaktion zu einer Erschöpfung der Stresshemmstoffe. Hieraus resultieren eine verminderte Stresstoleranz und eine erhöhte Stressempfindlichkeit.

Kopf hoch, das wird schon wieder

Sie kennen sicher die Sprichwörter „Kopf hoch, das wird schon wieder" oder „Lass den Kopf nicht hängen". Wer traurig ist, lässt eher seinen Kopf hängen. Wer sich deprimiert, mutlos oder ängstlich fühlt, macht sich häufig klein. Gefühle lassen sich an Körperhaltungen und Bewegungen erkennen. Traurigkeit kann uns förmlich zusammensinken lassen. Es gibt einen Zusammenhang zwischen unseren Emotionen und unserem Erscheinungsbild.

Negative Gefühle können zu einem Zusammenziehen unserer Muskulatur führen. Wir werden enger und verspannter. Positive Emotionen haben eine öffnende, weitende und auflockernde Wirkung.

Bewusst eingenommene Körperhaltungen können unsere Stimmung und unsere Wirkung auf andere beeinflussen. In dem Moment, wo wir unseren Kopf heben und unseren

Körper in eine aufrechte Haltung bringen, wirken wir auf andere Menschen nicht mehr klein.

Dass zwischen motorischen und emotionalen Prozessen eine Wechselwirkung existiert, lässt sich jeden Tag beobachten.

In der heutigen Zeit haben sitzende Tätigkeiten zugenommen. Auch beim Sitzen nehmen wir Haltungen ein, die auf unsere Emotionen wirken können.

Täglich lassen viele Kinder und Erwachsene ihre Köpfe hängen, um auf ihre Handys zu schauen. Auch hier wäre es gut, den Kopf nicht hängen zu lassen, da besonders eine über einen längeren Zeitraum eingenommene Haltung ihre Wirkung entfalten wird.

Warum uns Bewegung guttut

Unser heutiges Leben ist bequem geworden.

Mit dem Fortschritt kamen Rolltreppen, Fahrstühle und moderne Verkehrsmittel in unser Leben. Wir sammeln und jagen nicht mehr, sondern greifen in volle Kühlschränke. Sitzende Tätigkeiten und die Arbeit am Bildschirm gehören zu unserem Alltag.

Wer sich nicht bewegt, verliert an Beweglichkeit. Wer sich einen Arm oder ein Bein bricht, wird Folgendes feststellen: Fehlende Bewegung geht mit dem Verlust von Muskelmasse und Kraft einher. Für unseren Körper ist es nicht egal, ob er beansprucht wird oder nicht.

Durch Bewegung wird die Leistungsfähigkeit unseres Körpers aufgebaut und erhalten. Bewegung stärkt unsere Knochen und unser Immunsystem. Wer sich bewegt, steigert nicht nur seine Beweglichkeit, sondern verbessert auch die Sauerstoffzufuhr seines Körpers.

Bewegung ist das natürlichste Mittel, um Stress abzubauen. Unsere Vorfahren haben sich bewegt und bauten dadurch Stress ab. Wir sollten es ihnen nachmachen, denn sie machten es richtig.

Wie Bewegung auf unsere Psyche wirkt

Wer sich bewegt, tut nicht nur etwas für seinen Körper, sondern auch für seine Psyche.

Durch die Bewegung werden nicht nur unsere Muskeln, sondern auch unser Gehirn besser durchblutet.

Manchmal hat man nach der Bewegung das Gefühl, den „Kopf freibekommen" zu haben. Bewegung braucht Kapazität des Gehirns, dieser Teil kann dann nicht für das Grübeln benutzt werden. Je komplizierter oder schneller die Bewegung ist, desto weniger ist es möglich, über Probleme nachzudenken.

Mit einer sportlichen Bewegung schüttet unser Körper Opioide, Endocannabinoide und Endorphine aus. Diese Ausschüttung bewirkt, dass wir uns oft nach einem Training glücklicher fühlen. Wer sich regelmäßig bewegt, baut Stresshormone ab. Nach einer sportlichen Aktivität fühlen wir uns daher häufig angenehm erschöpft und entspannt. Durch die Entspannung wird unser Akku wieder aufgeladen. Regelmäßiger Sport kann unser Selbstbewusstsein stärken. Wer sich bewegen möchte und sich dann auch bewegt, hat etwas geschafft. Haben wir ein Bewegungsziel erreicht, spüren wir auch Erfolg.

Ein weiterer positiver Effekt der Bewegung ist, dass wir uns oft schon nach einem Spaziergang viel produktiver fühlen. Der Grund ist die vermehrte Durchblutung, der Stressabbau und besonders bei Bewegung im Freien die bessere Sauerstoffversorgung.

Wie bei allem im Leben kommt es auch bei der Bewegung auf das richtige eigene Maß an. Wer ständig über seine Kräfte hinausgeht, versetzt seinen Körper in Stress. Daher ist es wichtig, dass wir auch bei der Bewegung gut auf unsere Körpersignale achten.

Läufer, die sich bei jedem Schritt quälen und eigentlich gar nicht laufen möchten, tun wenig für ihre psychische Gesundheit. Wer übertreibt, könnte nicht nur die eigene Freude und Motivation an der Bewegung vertreiben, sondern auch die positiven Auswirkungen.

Bewegung in den Alltag einfließen lassen

Haben Sie schon einmal eine Katze und einen Hund beobachtet, wenn sie wach werden?

Tiere fangen ihren Tag mit Bewegung an. Es geht ihnen nicht um die Übertreibung von Bewegung, sondern um das richtige Maß zur rechten Zeit. Tiere, die frei leben, denken nicht über Bewegungen in ihrem Leben nach, die Bewegung ist ein selbstverständlicher Bestandteil ihres Lebens.

Hier lässt sich etwas von Tieren lernen. Wir sollten regelmäßige Bewegungen wieder in den Alltag einbauen. Es muss kein Marathonlauf sein. Unser Körper profitiert schon von kleinen Bewegungseinheiten.

Kleine Streckübungen bei der Arbeit am PC, das Arme-pendeln zwischendurch oder ein kurzes Schulterkreisen können dort, wo es regelmäßig erfolgt, eine positive Auswirkung auf unseren Körper haben.

Wer sich vornimmt, anstelle des Fahrstuhls oder der Rolltreppe die Treppe zu nehmen, tut etwas für seine körperliche Gesundheit.

Wer mit der S-Bahn oder dem Auto zur Arbeit fahren muss, könnte eine Station vorher aussteigen oder auf einem Parkplatz parken, der noch einen kleinen Fußmarsch ermöglicht. Wer die Möglichkeit hat, mit dem Rad oder zu Fuß zur Arbeit zu fahren, integriert eine regelmäßige Bewegung in den Alltag.

Wichtig ist hier die Gewohnheit und Regelmäßigkeit. Erst wenn die Bewegung ein Teil unseres Alltags wird, gehört sie zu unserem Alltag.

Tiere zeigen uns, dass es gut ist, den Tag mit Bewegungen zu beginnen. Sich vor dem Aufstehen zu recken und zu strecken, tut auch unserem Körper gut.

Wer seinen Tag so beginnt, hat schon etwas getan. Wer dann noch zu Fuß oder mit dem Rad zur Arbeit fährt oder ein kleines tägliches Bewegungsprogramm, das Freude macht, in den Alltag integriert, verbessert nicht nur die eigene Stimmung, sondern die eigene Gesundheit.

Bewegung in der Natur

Meeresrauschen, Vogelgesang, raschelndes Laub unter den Füßen – gerade noch aufgeregt und gestresst, und dann nach einer Zeit in der Natur passiert es: Die Aufregung legt sich, und der Stress fällt für einen Moment von uns ab. Viele Studien belegen, dass durch den Aufenthalt in der Natur der Level des Stresshormons Cortisol gesenkt werden kann.

Düfte des Waldes, des Meeres, von Pflanzen und Blumen wirken auf uns genauso wohltuend wie die Farben der Natur.

Wer sich in der Natur bewegt, potenziert die wohltuende Wirkung von Natur und Bewegung.

Den größten Teil der menschlichen Geschichte lebten wir Menschen in der Natur. Wir sind ein Teil der Naturvielfalt. Wo wir mit diesen tief in uns verankerten, natürlichen Wurzeln in Berührung kommen, können wir Kraft tanken und entspannen.

Unsere Vorfahren wussten, dass sie dort, wo Vögel sangen, in Sicherheit waren. Denn Vögel hören mit ihrem Gesang auf, wenn eine direkte Gefahr droht. Das ist noch heute so und lässt sich sogar bei Vögeln in Gefangenschaft beobachten. Kein Vogel gibt liebliche Töne von sich, wenn er sich bedroht fühlt. Ein schöner Vogelgesang gibt uns immer noch ein sicheres Gefühl. Daher entspannen wir, wenn wir Vogelgesang hören.

Auch das Meeresrauschen oder der plätschernde Bach bei einer schönen Wanderung weckt oft schöne Erinnerungen an erholsame Begegnungen mit der Natur. Viele mediale Entspannungsreisen fangen daher mit Meeresrauschen oder Vogelgesang an.

Auch wenn wir es oft vergessen, wir sind mit unseren menschlichen Wurzeln auf das Leben in der Natur eingestellt.

Holen Sie sich die Natur ins Haus

Wir reagieren auf schöne Naturerlebnisse, was sich nachweislich positiv auf unsere Gesundheit auswirkt. Unsere Vorfahren brachten Bäume mit Wasser und Nahrung in Verbindung. Im Wald spazieren zu gehen oder sich auf Bildern Fotos von Bäumen anzusehen, kann Stress reduzieren.

Bilder von Pflanzen und Naturlandschaften sind nicht nur hübsch anzusehen, sie haben eine harmonisierende und wohltuende Wirkung auf unsere Psyche. Die beste Wirkung hat aber immer der direkte Aufenthalt in der Natur. Aber auch Naturbilder und Pflanzen in der Wohn- und Arbeitsumgebung tun unserer Seele gut. Selbst ein Naturfoto auf dem Computerbildschirm wirkt sich positiv auf uns aus. So kann ein Bild von einem blauen Meer ein Gefühl von Freiheit und Gelassenheit entstehen lassen. Bilder von Bergen können mit Schutz und Sicherheit und einem weiten Ausblick assoziiert werden. Bilder von Wasserfällen, rauschenden Bächen können energetisierend und belebend wirken. Die Farbe Grün wirkt harmonisierend. Wer Naturbilder oder Fotos in den Wohn- und Arbeitsräumen integriert, tut etwas für sein Wohlbefinden. Je natürlicher die Farben, umso besser.

Pflanzen in unseren Wohnräumen zeigen, dass wir immer noch die Nähe zur Natur suchen. Zimmerpflanzen haben nachweislich eine positive Wirkung.

Selbst bei der Genesung ist es nicht egal, ob wir mit der Natur in Kontakt kommen oder nicht. So zeigten Studien, dass Menschen nach einer Operation schneller genesen, wenn der Blick aus dem Krankenzimmer ins Grüne schweifen kann.

Auch die Immobilienpreise in Großstädten zeigen, dass Wohnraum in Nähe zur Natur immer teurer ist. Das Haus direkt am Meer kann sich leider nicht jeder leisten. Aber ein Bild mit einem Naturmotiv oder einen schönen Spaziergang in der Natur sollten wir uns ruhig gönnen. Als Teil der Naturvielfalt sollten wir uns sooft es geht mit den anderen Teilen der Natur verbinden. Unsere Seele und unser Körper werden davon profitieren.

VERBUNDENHEIT UND BERÜHRUNG

Alleine überlebt kein Menschenkind

Schon bei unserer Geburt ist klar – ohne die Fürsorge anderer Menschen können wir nicht überleben.
Wir alle erleben den heutigen Tag, weil wir zu Beginn unseres Lebens Glück hatten.
Nach unserer Geburt und während unserer Kindheit muss sich mindestens ein Mensch um uns gekümmert haben. Nur durch die Versorgung eines anderen Menschen schaffen wir den Start ins Leben. Durch andere lernen wir sprechen, Fertigkeiten und Verhaltensweisen. Das meiste, was wir heute wissen und können, haben wir von anderen Menschen gelernt.
Kaspar Hauser ist eines der berühmtesten Beispiele, was geschieht, wenn ein soziales Umfeld fehlt. Er muss zu Beginn seines Lebens mit Nahrung versorgt worden sein, sonst hätte auch er nicht überlebt. Kaspar Hauser

wurde von anderen Menschen und der gesellschaftlichen Bildung ferngehalten. Ohne andere Menschen, so zeigt Kaspar Hausers Schicksal, erlernen wir nicht das Sprechen, soziales Verhalten und Bildung.

Bis heute verwenden wir für die schwersten Formen des Hospitalismus den Begriff „Kaspar-Hauser-Syndrom". Hospitalismus ist ein Begriff für körperliche und psychische Schäden, die auftreten, wenn Kinder zwar körperlich versorgt werden, aber fast keine persönliche Zuwendung erhalten.

Die Untersuchungen des Psychoanalytikers René Spitz zeigten auf, welche extremen Folgen Hospitalismus hat. Der Bindungsforscher John Bowlby konnte nachweisen, dass eine Vernachlässigung des frühen Bedürfnisses nach Bindung für Säuglinge nicht nur großen Stress bedeutet, sondern deren Gesundheit und Leben gefährdet.

Um uns gesund entwickeln zu können, brauchen wir vom ersten Moment unseres Lebens die Zuwendung anderer Menschen. Wir sind soziale Wesen und deshalb auf Beziehungen zu anderen Menschen angewiesen. Tief in jedem von uns schlummert bis zur letzten Minute unseres Lebens die Sehnsucht nach Gemeinschaft. Unsere Spezies unterscheidet sich nicht von anderen Säugetieren, die als Herdentiere auf die Welt kommen. Wir sind, wie sie, nicht für die anhaltende Einsamkeit geschaffen.

Abstand in Pandemiezeiten

Paula berichtet ihrer Freundin von einem Einkaufserlebnis. „Heute wartete ich an der Kasse, und dann kam eine Frau, die mir total dicht auf die Pelle rückte. Das war mir richtig unangenehm und viel zu dicht."

Der Begriff „Pelle" kommt aus dem Lateinischen. *Pellis* bedeutet Haut, Fell.

Wenn uns jemand nach unserem Gefühl zu dicht auf die Pelle rückt, kommt diese Person uns zu nah.

Kommt uns jemand zu nah, weichen wir aus. Nähe, die nicht erwünscht ist oder bedrohlich erscheint, erzeugt Stress. Enge in einer U-Bahn oder einem Fahrstuhl kann daher unangenehme Gefühle erzeugen.

In Pandemiezeiten löst Nähe nicht nur unangenehme Gefühle, sondern Angst aus. Je mehr Angst jemand hat, desto mehr wird er anderen Menschen auch über das Notwendige hinaus ausweichen.

Wir haben immer einen sogenannten Wohlfühlabstand zu unterschiedlichen Menschen. Vertraute Menschen lassen wir in unsere intime Zone. Menschen, die wir mögen und denen wir trauen, lassen wir gerne in unseren persönlichen Bereich. Fremde Menschen lassen wir aus Sicherheitsgründen erst einmal nicht zu dicht kommen. Eine Pandemie weitet den Sicherheitsabstand, der eigentlich für Fremde gilt, auf Freunde und Vertraute aus.

Nähe ist ein Grundbedürfnis des Menschen. Je länger eine Pandemie mit Kontaktverboten anhält, desto stärker werden Menschen in ihrem eigenen Umfeld isoliert.

Auch Mimik kann Nähe herstellen. Unbewusst prüfen wir bei jeder Begegnung, ob die Körpersprache und Mimik eines anderen Menschen uns Wohlwollen zeigen. Masken verhindern das Erkennen von Gesichtszügen. Das kann Stress erzeugen. Sehen wir ein Gesicht nicht, fehlen uns Informationen. Sehen wir Gesichter nicht mehr richtig, dann achten wir vermehrt auf Körperhaltungen und auf die Sprache. Ein freundlicher Satz kann hier sehr entlastend wirken. Freundlichkeit verbessert auch in schweren Zeiten nicht nur zwischenmenschliche Kontakte, sondern sie reduziert auch Stress.

„Die Freunde, die man um vier Uhr morgens anrufen kann, die zählen."
(Marlene Dietrich[9])

Wer ein gutes soziales Netzwerk aufgebaut hat, stärkt seine Resilienz. Ein funktionierendes soziales Netzwerk hilft uns nicht nur, durch den Alltag, sondern durch Krisen zu kommen. Zu einem helfenden Netzwerk können nicht nur Familienmitglieder und Freunde, sondern auch gute Masseur*innen und Physiotherapeut*innen gehören. Menschen, die unser Wohlergehen verbessern, haben wir gerne um uns. Gehen vertraute Helfer, wie Ärzt*innen und Physiotherapeut*innen in den Ruhestand, merken wir oft, was sie uns bedeutet haben.
Nähe und Verbindung entstehen durch Sympathie und dadurch, wie sehr jemand uns unterstützt. Es ist immer ein gutes Gefühl, bei Problemen nicht alleine dazustehen. Familienbindungen und Freundschaften können oft große Belastungen aushalten, wenn über die Jahre genug Vertrauen aufgebaut wurde.

In Zeiten der Familiengründung und des berufliches Aufbaus vernachlässigen wir leicht Freundschaften. Freundschaften brauchen Pflege und den Kontakt. Nicht immer werden wir die Zeit für ein Treffen haben. Ein Anruf oder eine E-Mail bieten die Möglichkeit, auch bei wenig Zeit Interesse und Anteilnahme zu zeigen. Wie oft fragen Sie die Menschen, die Ihnen wichtig sind, wie es ihnen geht? Wie oft sind Sie selbst eine Stütze für einen anderen Menschen? Genau wie Ihre Resilienz durch andere Menschen gestärkt werden kann, können Sie die Resilienz anderer Menschen stärken. Wer gute Freund*innen in der Not auch in der Nacht anrufen darf, sollte auch selbst den Hörer abnehmen, wenn diese Freund*innen nachts anrufen.

Geteiltes Leid ist halbes Leid

Wir alle brauchen einmal Unterstützung.
Wer bei einer Prüfung durchgefallen ist, wer eine schwere Enttäuschung erlebt hat, sucht Trost und Zuspruch. Wir brauchen das Gefühl der sozialen Zugehörigkeit besonders dann, wenn wir uns überfordert und alleine fühlen. Menschen mit ähnlichen Lebenseinstellungen und Werten verstehen uns besonders gut.
Genau deshalb teilen wir gerne unser Leid zuerst mit diesen Menschen. Ihre engsten Freunde werden selten völlig andere Werte und Einstellungen haben als Sie. Genau deshalb sind sie oft unsere ersten Ansprechpartner*innen. Ist etwas ausgesprochen, ist der erste Schritt getan. Was ausgesprochen ist, ist nicht mehr ausschließlich in den Gedanken, es tritt nach außen. Hierdurch erhalten andere

Menschen die Möglichkeit, Anteil zu nehmen. Wer in seinem Gedankenkarussell gefangen ist, findet schwerer Lösungen. Andere Menschen, die nicht betroffen sind, können unbefangener herangehen.

Die Last einer schweren Tasche ist nur halb so schwer, wenn wir sie mit jemandem gemeinsam tragen. So ist es auch mit geteiltem Leid. Anteilnahme entlastet.

Denn sobald wir durch eine Idee eine Lösung vor Augen haben, geht es uns sofort besser.

Lösungsorientiertes Denken hilft. Genau hierbei können uns andere Menschen durch ihre Erfahrungen helfen.

Manchmal entdecken wir allein durch das „Darübersprechen" einen möglichen Weg.

Leid wird uns heute durch moderne Medien innerhalb kürzester Zeit mitgeteilt. Gerade ein Bild des Schreckens gesehen, und schon folgt das nächste.

Es ist gut, wenn Leid ein Gesicht bekommt. Aber welchem Gesicht sollen wir helfen, welche Organisation unterstützen, wenn schon an einem Abend so viel auf uns einfließt? Die Menge der Informationen, der schnelle Themenwechsel sind Gift für die Entwicklung von Empathie. Auch der Shitstorm im Netz ist alltäglich geworden. Was im Netz ist, bleibt. Für unser Wohlergehen ist es aber wichtig, wie unsere Ethik des Teilens und Mitteilens aussieht.

Lob und Freude zu teilen und zu verteilen, sind ein Weg, mehr positive Energie zu versenden.

Sparen Sie beizeiten, dann haben Sie in der Not

Ein guter Kontostand entsteht niemals, wenn wir nur abheben. Wir müssen auch einzahlen.

So ist es auch in Freundschaften. Wer Unterstützung wünscht, muss auch Unterstützung geben. Funktionierende Freundschaften sind niemals Einbahnstraßen. Der Weg sollte in zwei Richtungen führen.

Gerade in Zeiten der Überforderung überlegen wir genau, wem wir etwas von unserer Kraft abgeben.

In Menschen, die sich in der Vergangenheit nur unterstützen ließen und in der Gegenwart unterstützen lassen, investieren wir eher sparsam. Dauerkritiker und Miesmacher kosten Kraft und Energie. Konstruktive Kritik kann weiterhelfen, ein dauerndes Miesmachen und Ausbremsen tun es nicht. Instinktiv meiden wir daher häufig solche Kontakte.

Wir selbst haben gerne Menschen um uns, die uns guttun. Andere Menschen haben uns allerdings auch besonders gerne um sich, wenn wir ihnen etwas Gutes oder guttun. Wer beizeiten in Beziehungen investiert, ist seltener in der Not allein.

Wir brauchen Berührung

Zur rechten Zeit von der richtigen Person umarmt zu werden, kann eines der schönsten Gefühle sein, das wir erleben dürfen. Empfinden wir eine Berührung als angenehm, entsteht ein positives Gefühl. Eine Umarmung lässt uns körperlich spüren, dass wir nicht alleine sind.

Jede Berührung aktiviert Millionen Rezeptoren, und es werden elektrische Impulse über ein dichtes Netz an Nervenfasern in verschiedene Regionen unseres Gehirns gesendet. Spezialisierte Nerven führen zur Ausschüttung von Botenstoffen, Hormonen und Neurotransmittern. Wird eine Berührung als angenehm empfunden, reagiert unser Körper mit der Ausschüttung von Oxytocin. Die Ausschüttung von Oxytocin hilft uns, Stress abzubauen. Eine Berührung geht uns im wahrsten Sinne des Wortes unter die Haut.

Auch Wärmeimpulse können dazu führen, dass Oxytocin ausgeschüttet wird. So ist es nicht verwunderlich, dass eine Wärmflasche, die nicht zu heiß ist, ein Wärmekissen, auf das wir uns legen, nicht nur unsere Muskulatur, sondern auch unsere Seele entspannen können.

Wir berühren 400 bis 800 Mal täglich unser Gesicht. Bei Erregung versuchen wir, uns mit Selbstberührungen zu beruhigen. Wie sehr auch eigene Berührungen in unserem Alltag eine Rolle spielen, erleben wir, wenn wir uns stoßen oder verletzen. Wer sich stößt, fasst automatisch dort hin, wo der Schmerz empfunden wird. Wir reiben unseren Ellenbogen, mit dem wir an die Tür gestoßen sind, legen die Hand bei Bauchschmerzen wie von selbst auf unseren Bauch.

Neugeborene werden nach der Geburt in die Arme der Mutter gelegt. Durch nichts können wir die Anwesenheit eines anderen Menschen oder uns selbst deutlicher spüren als durch eine Berührung.

Berührung in der Sprache

Eine Nachricht ergreift uns, ein Film oder eine Musik können uns anrühren. Wir packen etwas an oder zeigen Fingerspitzengefühl. Wir freuen uns, wenn uns jemand unter die Arme greift. Manchmal werden wir um den Finger gewickelt. Manche Aussagen sind an den Haaren herbeigezogen. Es lag uns schon einmal eine Antwort auf der Zunge.

Eine Hand wäscht die andere, und ab und zu würden wir jemandem gerne den Kopf waschen. Vor Freude werfen wir uns jemanden an den Hals, und manchmal möchten wir die ganze Welt umarmen.

Körpersprache, Berührungen und Umarmungen sind ein Teil unserer Kommunikation. Bis heute wird der Segen bei Taufen, Hochzeiten mit den Händen gegeben. Obwohl die Kirche Berührungen nicht immer offen begegnete, sind die wichtigsten kirchlichen Sakramente und Riten mit Berührung verbunden. Menschen müssen und möchten berührt werden.

Wer von einer Musik, einem Gedicht, einem Schicksal berührt ist, fühlt sich mit jemand anderem oder etwas anderem verbunden. Berührungen können tiefe Verbindungen schaffen. Mit einer Umarmung, dem Halten einer Hand lassen sich manchmal mehr Trost spenden als mit Worten. Spüren wir einen anderen Menschen, kann uns das Schutz und Geborgenheit bieten. So verwundert es nicht, dass wir angenehme Berührungen besonders gerne haben, wenn wir uns ängstigen oder einsam fühlen.

Berührungen hatten und werden immer eine große Rolle in unserem Leben haben, daher hat die Berührung Einzug in unsere Sprache gehalten.

Corona und Berührung

Abstand halten, Berührung vermeiden, Corona veränderte unser Leben. Vertraute Umarmungen, Gesten der Verbundenheit sind auf einmal nicht mehr selbstverständlich.

Vor Corona gehörten Berührungen auch zwischen Freunden und Bekannten zum täglichen Miteinander. Wer hat sich schon darüber Gedanken gemacht, wie oft er am Tag einen anderen Menschen berührt hat?

Berühren wir in Zeiten der Digitalisierung nicht sowieso unser Smartphone viel öfter als einen anderen Menschen? Versenden wir nicht schon lange täglich Nachrichten in sozialen Netzwerken, die persönliche Begegnungen ersetzen? Nun auf einmal durch ein Virus noch mehr Distanz und sogar Berührungsverbote.

Berührungen gehörten als Folge der Digitalisierung schon vor Corona für manche Menschen weniger zum Alltag. Nun, wo Berührungen außerhalb der Familie nicht möglich sind, spüren wir, wie wichtig sie für unser Leben sind. Bei Begrüßungen, beim Trösten und bei der Übermittlung von Nähe fehlt uns die Berührung. Angenehme Berührungen stärken unser Wohlbefinden. In einer Zeit der Angst, die Gesundheit zu verlieren, brauchen wir eigentlich umso mehr Berührungen, die uns beruhigen und Ängste nehmen. Das Motto einer Pandemie heißt Abstand, Hygiene und Masken. Auf einmal sind Berührungen außerhalb der Familie kaum mehr möglich. Viel zu lange haben wir uns wenig Gedanken um unsere Berührungskultur gemacht. Neue Berufe, wie Kuscheltherapeuten, Free-Hugs-Treffen auf Parkplätzen zeigten schon vor der Corona-Pandemie, dass Berührungen in unserem modernen Leben oft zu kurz kommen. Unsere Vorfahren haben auf viel engerem Raum gelebt. Ältere Generationen haben es noch erlebt, dass ein Bett mit anderen Familienmitgliedern geteilt wurde. Heute dürfen viele Babys wieder in Tragegurten an dem Körper ihrer Bezugspersonen sein. Das war nicht immer so. In der Zeit des Nationalsozialismus sollten Kinder nicht verweichlicht werden. Erziehungsratgeber rieten daher zu wenig Körperkontakt und Babys schreien zu lassen. Ziel dieser Erziehungsmethode war nicht die Ausbildung von Menschlichkeit, sondern von Soldaten oder Frauen, die Soldaten gebären.

Menschlichkeit entsteht nur da, wo Menschen von anderen Menschen berührt werden. Wir brauchen nichtsexuelle körperliche Berührung. Noch heute zeigt eine freundliche Berührung, wie bei unseren Vorfahren, dass sich uns jemand in friedlicher Absicht nähert.

Durch die Corona-Pandemie ist eines der wichtigsten Zeichen von Verbundenheit und Sicherheit wieder in den Fokus der Aufmerksamkeit geraten.

Sehen wir uns Affen an, dann leben sie immer in Gruppen. Sie pflegen Körperkontakt und zeigen durch Berührungen Zugehörigkeit. Auch wenn man es uns nicht mehr ansieht, wir stammen von ihnen ab. Wir sind, genau wie sie, soziale Wesen, die Körperkontakt brauchen.

Abstand zu Menschen, die wir lieben, oder Freunden, die uns etwas bedeuten, ist nicht normal und kann uns krankmachen.

Die Corona-Pandemie zeigt uns aber auch, wie oft wir uns das Geschenk einer Berührung und der Nähe zu anderen Menschen nicht bewusst gemacht haben. Eine herzliche Berührung oder Umarmung lässt uns spüren, dass wir es einem anderen wert sind, dass er diese Nähe zu uns aufbaut.

Gönnen Sie sich doch einmal eine Massage

Geht es uns psychisch nicht gut, sind wir in der Regel auch körperlich angespannt.

Massagen bewirken eine Lockerung der Muskulatur und eine Anregung der Durchblutung und des Stoffwechsels. Durch Massagen werden Reize weitergeleitet, die zur Ausschüttung von Glückshormonen führen können. Da liegt es auf der Hand, dass Massagen unser Wohlergehen und unsere Stimmung verbessern können. Berührungen entfalten aber nur dann eine positive Wirkung, wenn wir sie möchten und als angenehm und unterstützend empfinden.

Wird unsere Muskulatur durch eine Massage gelockert, wirkt sich diese Lockerung auch auf unser Gemüt aus. Mit Hilfe von Massagen oder angenehmen Berührungen werden wir im wahrsten Sinne des Wortes lockerer. Wie sehr eine verspannte Muskulatur den Alltag beeinflussen kann, haben wir sicher alle schon einmal erlebt. Wie gut es tut, wenn die Anspannung wieder von uns abfällt, durfte sicher auch jeder schon einmal erfahren. Je länger eine angespannte Lebenssituation schon angehalten hat oder je tiefer sie uns emotional berührt, desto stärker spannen wir uns an.

Schenkt uns ein Mensch Nähe und zeigt er uns, dass ihn unser Schicksal nicht unberührt lässt, dann hat das auf uns in der Regel eine angstlösende und beruhigende Wirkung. Wenn Kinder weinen oder Angst haben, ist der erste Reflex fast aller Eltern, dass sie ihr Kind in den Arm nehmen oder zur Beruhigung streicheln. Stoßen sich Kinder, pusten oder streicheln Eltern häufig die schmerzende Stelle. Pusten und Streicheln lösen Berührungsimpulse aus.

Zeigt uns ein anderer Mensch seine Berührtheit und schenkt er uns körperliche Berührungen, erhalten wir Trost und Zuspruch. Genau das lässt uns wie Kinder, nachdem sie Trost erhalten haben, gestärkt weitergehen. Für Massagen wie für jede Berührung ist es wichtig, dass uns der Mensch, der uns so nahe kommt, sympathisch ist. Nur dann können wir entspannen. Nur gewollte und als angenehm empfundene Berührungen sind für uns eine Hilfe.

Wir entspannen, wenn wir uns sicher fühlen. Werden wir berührt, ist es daher wichtig, auf unsere Körpersignale zu achten.

Berührungen und Berührungsbedürfnisse sind individuell verschieden. Erhalten wir lange wenige Berührungen, kann es uns verunsichern, wenn wir sie bekommen. Nach seelischen Verletzungen lassen wir oft nicht mehr so leicht jemanden zu nah an uns heran.

Aber egal, was wir erlebt haben, wir brauchen Berührungen. Massagen bieten eine Möglichkeit, die wohltuende Wirkung von Berührungen zu erleben.

Was tun, wenn Berührungen fehlen?

Social Distancing – ein Thema, das durch die Corona-Pandemie auf einmal jeden betrifft.

Social Distancing – das Aus für viele gewohnte Berührungen.

Was aber tun, wenn genau das in unserem Leben fehlt? Gerade in Zeiten, in denen uns Berührungen fehlen, ist es wichtig, dass wir selbst aktiv werden.

Ein warmes Bad mit schönen ätherischen Ölen, die warme Dusche ermöglichen angenehme Berührungserfahrungen. Sich selbst liebevoll eincremen, am Morgen zum Wachwerden sanft den eigenen Körper abklopfen, könnte ein Wohlfühlritual werden.

Gerade wenn niemand da ist, der uns Streicheleinheiten gibt, sollten wir sie uns schenken.

Wer sich selbst eincremt, schenkt sich Zeit und Fürsorge. Schade, dass viele sich selbst auch in Zeiten außerhalb von Pandemien viel zu wenig Fürsorge und Zeit schenken.

Auch Faszienrollen und Bälle bieten die Möglichkeit, Berührungsimpulse ins eigene Leben zu integrieren. Ganz nebenbei lösen sich dann auch noch verklebte Faszien.

Wir können ohne den Seh-, Hör- und Geschmackssinn leben. Ohne den Tastsinn ist ein Leben und Überleben nicht möglich. Der Tastsinn, Berührungen und soziale Verbundenheit vermitteln nicht nur viele Eindrücke, sie fördern unsere Gesundheit und sichern unser Überleben.

Die Corona-Pandemie führt uns vor Augen, wie wichtig soziale Kontakte und menschliche Nähe für unser Wohlergehen sind. Wir sind als Herdentiere einfach nicht für Social Distancing geschaffen.

Musik

Musik ist mehr als ein Zeitvertreib. Musik kann Balsam für unsere Seele sein.

Rhythmus liegt uns im Blut. Vom ersten Moment unseres Lebens machen wir rhythmische Erfahrungen. Der erste Beat, den wir hören, ist der Herzschlag der Mutter.

Musik kann Herzschlag, Blutdruck, Atmung und unseren Hormonhaushalt beeinflussen. Je nachdem, welche Musik wir hören, kann Stress erzeugt oder abgebaut werden. Im Gehirn reagiert das limbische System auf Musik. Dieser Bereich ist für Gefühle zuständig.

Hören wir eine Musik bei bestimmten Erlebnissen, kann genau diese Musik später Erinnerungen und Emotionen auslösen. Musik und Erlebnisse können in unserem Gehirn in Verbindung gebracht und konditioniert werden. Musik weckt daher Gefühle und Erinnerungen. So erkennen wir die Musik einer Fernsehserie sofort wieder. Ein Lied, das wir immer mit jemandem gehört haben, den wir vermissen, kann uns bei den ersten Tönen aus dem Radio zu Tränen rühren.

Beschwingte Musik beim Joggen beflügelt und macht gute Laune. Ruhige Musik wirkt entspannend und entschleunigend.

Musik prägt uns schon im Mutterleib. Babys erkennen Musik, die sie vorgeburtlich gehört haben, wieder. Musik, die bei der Mutter gute Gefühle ausgelöst hat, bei der sie sich entspannen konnte, hat nachweislich auch nach der Geburt eine positive Wirkung auf Babys.

Musik kann sogar Angst für kurze Zeit vertreiben. Wer singt oder pfeift, hat in dem Moment, wo er dieses tut, weniger Angst. Beim Singen erheben wir unser Haupt. Schon dadurch fühlen wir uns besser. Singen lockert und entkrampft. Viele Menschen singen und pfeifen daher, wenn sie in einen dunklen Keller gehen.

Wiegenlieder vor dem Schlafen haben auf Kinder eine angstlösende und beruhigende Wirkung. Instinktiv summen oder singen viele Eltern, wenn ihre Kinder einschlafen sollen.

Musik hat aber auch eine soziale und verbindende Wirkung. Erklingt die Nationalhymne nach einem olympischen Sieg, fühlen wir uns nicht selten in diesem Moment mit den Sportler*innen verbunden.

Das gemeinsame Singen in einem Chor wirkt nicht nur stressreduzierend, sondern auch verbindend. Nach einer Chorprobe fühlen sich Chormitglieder häufig anders als vor dem gemeinsamen Singen. War vor der Probe ein Problem im Kopf, ist es nicht selten nach der Probe ein Lied, das sich wie ein Ohrwurm für Momente über die Probleme legt. Nach einer Chorprobe gehen Menschen oft beschwingter und lockerer. Singen ist wie ein Antidepressivum. Wer mit Freude singt, schüttet antriebssteigernde und stimmungsaufhellende Botenstoffe aus. Beim Singen wird auch die Atmung tiefer, was die Sauerstoffversorgung des Körpers verbessert.

Singen und Musik, die uns gefällt, machen also nicht nur Spaß, sondern verbessern unser Wohlbefinden.

HUMOR, DANKBARKEIT UND SCHLAF

„Humor ist der Knopf, der verhindert, dass uns der Kragen platzt."
(Joachim Ringelnatz)

Gut eingesetzter Humor kann angespannte Situationen entschärfen. Durch Lachen können nicht nur Atmosphären lockerer werden, sondern auch unsere Muskeln.

Stress engt Gedanken ein. Humor kann durch seine auflockernde und stresshemmende Wirkung zu einem Perspektivwechsel verhelfen.

Mit Humor lassen sich Dinge aus unterschiedlichen Richtungen betrachten.

Um angespannte Situationen mit Humor zu entspannen, sind aber Empathie und Fingerspitzengefühl zu empfehlen.

Als Nele ihre Erbtante besucht, fällt dieser ein Glas Wasser herunter. Nele sagt: „Naja, in deinem Alter sollte man an allem nicht mehr so festhalten."

Jonna besucht ihre Oma. Als der Oma die Tasse Kaffee herunterfällt, lacht Jonna und sagt: „Mensch, du kannst gut loslassen, ich gehe seit Jahren zum autogenen Training, um das zu lernen."

Als der Busfahrer den Reisebus nach Kopenhagen starten möchte, schaut er in den Rückspiegel. Er sieht, dass die Fahrgäste alle auf den vordersten Plätzen sitzen möchten. Immer wieder bittet er darum, dass sich einige nach hinten setzen mögen. Trotzdem bleiben viele einfach im Gang stehen, in der Hoffnung weiter vorne einen Platz zu ergattern. Der Reisebusfahrer ärgert sich und sagt zu den Fahrgästen: „Alle Fahrgäste, die heute eine saubere Unterhose anhaben, gehen bitte nach hinten."

Ob wir über einen Witz oder eine lustige Anekdote lachen können, hängt von unseren Werten und Lebenseinstellungen ab. Je nachdem, welches Verhältnis Nele zu ihrer Erbtante hat und welcher Humor für beide in Ordnung ist, wird die Tante lachen oder sich ärgern. Jonnas Humor könnte als Trost verstanden werden. Ist der Oma aber eine

Tasse heruntergefallen, die für sie eine große Bedeutung hatte, dann ist der Oma vielleicht gar nicht zum Scherzen zumute. Den Unterhosenwitz mag ein Fahrgast lustig finden, aber ein anderer könnte ihn als unangemessen empfinden.

Humor und das, was wir lustig finden, kann sehr verschieden sein. Ein Witz kann auch in einer Situation gut passen und in einer anderen fehl am Platze sein.

Ein passender Humor kann angespannten Lebenssituationen einen neuen Rahmen geben und den Schrecken nehmen.

Lisa läuft im Park spazieren. Sie trifft auf eine Gruppe Jugendlicher, die rufen: „Hey, habt ihr die gesehen, die hat ja eine Frisur, als ob sie gerade in die Steckdose gefasst hat." Lisa antwortet: „Ich habe wenig Zeit, ich stehe heute etwas unter Strom."

Carolina kommt nach Hause und stürmt zu dem Schrank mit den Süßigkeiten. Als sie ihn öffnet, sieht sie, dass alles aufgegessen ist. Sie ruft: „Mann, Jens, du hast ja alles aufgegessen, da ist ja nichts Süßes mehr zu finden." „Oh, tut mir leid", erwidert Jens, „außer mir ist leider zur Zeit nichts Süßes mehr im Haus."

Lisa hätte sich ärgern können, aber sie wählt einen anderen Weg. Humor kann aus einer Opferrolle herausheben. Jens versucht, durch seinen Witz die Situation zu entschärfen. Es ist nicht sicher, dass es ihm gelingt, aber einen Versuch ist es wert.

Humor kann Gruppen verbinden und wie ein sozialer Klebstoff wirken, aber auch trennen und abgrenzen. Manchen Humor finden wir gut, manchen schlecht. Humor, der ankommt, entfaltet innerhalb von Sekunden eine verbindende und entspannende Wirkung.

Guter Humor ist wie ein Parfüm, das, wenn es gut riecht, noch lange einen guten Eindruck hinterlassen kann. Humor zeigt aber auch unsere Sicht auf die Welt und die Einstellung zum Leben. So sagt Johann Wolfgang von Goethe zu recht in „Die Wahlverwandtschaften II":

„Durch nichts bezeichnen Menschen mehr ihren Charakter, als durch das, was sie lächerlich finden."

Warum uns Humor guttut

Wir können das Leben ernst nehmen und es dennoch heiter betrachten.

Wer spielerisch sein kann, Komik mag, über sich selbst lachen kann, reguliert nicht nur manche Situation, sondern erheitert sein eigenes Leben. Humor vergesellschaftet sich gerne mit Spontanität.

Humor öffnet Türen zum Lachen. Das Sprichwort „Lachen ist gesund" stimmt. Lachen verbessert die Atmung, was zu einer besseren Sauerstoffversorgung führt. Wer herzhaft lacht, schüttet Glückshormone aus.

Lachen kann eine Entlastungsfunktion haben. Gerade gemeinsames Lachen, das eine potenzierende Wirkung hat, kann ein Ventil öffnen, das Stress reduziert.

Wer andere zum Lachen bringt, wer etwas Humorvolles erzählt, erzeugt eine Wirkung. Erzählt man einen Witz, über den keiner lacht, fühlt es sich nicht gut an. Erst wenn andere mit Freude reagieren, wird Selbstwirksamkeit spürbar. Wer beim Erzählen des eigenen Witzes mitreißend lacht, kann auch Freude auslösen. Lachen kann sich übertragen. Lachen wir bei lustigen Sendungen, dem Erzählen von Witzen oder nach humorvollen Bemerkungen, bringt dies Leichtigkeit in unseren Alltag.

Angst und Erheiterung sind gegenläufige Stimmungen. Humor, der Menschen zum Lachen bringt, ohne sie bloßzustellen oder zu erniedrigen, reduziert Angst.

Humor hilft, schwere Zeiten und negative Ereignisse besser zu bewältigen.

Humor hat eine verbindende Wirkung. Wer andere zum Lachen bringt und ihnen hierdurch für Momente Leichtigkeit schenkt, ist oft ein gern gesehener Gast. Wie unsere Vorfahren deuten wir bis heute ein freundliches Lächeln und ein herzhaftes gemeinsames Lachen als Zeichen einer sicheren Umgebung. Der kürzeste Weg, um Sicherheit spürbar werden zu lassen, ist gemeinsames Lachen, das nicht entwertet oder verletzt.

Humor in den Alltag integrieren

Sehen Sie sich lustige Sendungen an und lesen Sie aufheiternde Bücher. Was uns zum Lachen bringt, tut uns gut. Gerade wenn der Tag alles andere als zum Lachen war, ist es nicht immer eine gute Idee, sich weiter auf Negatives einzulassen.

Erzählen Sie doch selbst einmal anderen einen Witz. Man muss einen Witz nicht auswendig erzählen, man kann ihn auch ablesen. Wir erzählen einander viel zu selten etwas

Lustiges. Ein Witz wäre ein guter Anfang. Eine Idee wäre es, sich auch unter Freunden vorzunehmen, sich regelmäßig eine lustige Geschichte oder einen Witz zu erzählen. Bei der Suche nach einem passenden Witz oder einer lustigen Geschichte befasst man sich dann ganz nebenbei auch schon vorher mit aufheiternden Dingen.

Eine weitere Möglichkeit, mehr Humor ins Leben zu lassen, ist, sich mit fröhlichen Zeitgenossen zu umgeben. Diese Menschen findet man bei Partys und Zusammenkünften, wo gelacht wird.

Lassen Sie sich von Humor anstecken. Verschicken Sie fröhliche Smileys, wo es passt, und versuchen Sie, Situationskomik in Ihr Leben zu integrieren.

Der leichteste Anfang, mehr Humor in das eigene Leben hereinzulassen, sind gut gelaunte, fröhliche Menschen sowie Medien und Filme, die Humor ins Haus bringen.

Warum Dankbarkeit wichtig ist

Evolutionsbedingt sind wir, wie Sie schon wissen, wahre Meister in der Wahrnehmung von Gefahren. Wir sind Profis im Erkennen von negativen und Mangelsituationen. Genau das brauchen wir nicht mehr lernen, das können wir bereits. Das halb leere Glas anstelle des halb vollen zu erkennen, fällt uns leicht. Leider lösen negative Deutungen und Gedanken negative Gefühle aus. Ist Ihnen schon einmal aufgefallen, dass in dem Wort Gedanken das Wort danken steckt?

Dankbare Gedanken richten unseren Blick auf Gutes und lösen positive Gefühle aus.

Kaum jemand wird täglich dafür dankbar sein, dass er genug zum Essen hat und nicht frieren muss. Sind wir gesund, dann nehmen wir auch dieses als selbstverständlich an. Ein gesunder Mensch hat oft viele Wünsche, ein schwer kranker Mensch hat in der Regel nur einen, denn sein größter Wunsch ist es, gesund zu werden. Ein einsamer Mensch hat den Wunsch, nicht mehr einsam zu sein. Ein Mensch in finanzieller Not wünscht sich am meisten eine finanzielle Absicherung. Wenn alles da ist, nehmen wir es schnell als selbstverständlich hin. Aber nichts im Leben ist selbstverständlich.

Dankbarkeit macht genau das deutlich. Dankbarkeit richtet die Aufmerksamkeit auf die positiven Dinge des Lebens.

Dankbarkeit –
Schlüssel zu mehr Lebenszufriedenheit

Dankbarkeit ist der Schlüssel zu mehr Lebenszufriedenheit. Eine dankbare Haltung macht zufriedener und hebt die Stimmung.

Wer seinen Tag bewusst mit Dankbarkeit beginnt und beendet, startet und schließt ihn mit einem positiven Gefühl. Wüssten wir, dass morgen unser Leben enden würde, bekäme der heutige Tag eine besondere Bedeutung. Eigentlich ist jeder Tag ein Lebensgeschenk. Ist unser Leben bedroht, dann wird uns deutlich, dass das Leben doch sehr wertvoll sein kann. Also warum nicht einfach dankbar sein für das tägliche Erwachen.

Viele Begebenheiten und Dinge nehmen wir durch die Beschleunigung unseres Lebens nicht mehr wahr. Manchmal ist es daher wichtig, unseren Alltag für Momente zu entschleunigen.

Gehen Sie nicht an jeder Blume vorbei, riechen Sie einfach einmal an einer. Schon so kurze Momente führen zu einer Entschleunigung. Schöne Gerüche entfalten nicht nur ihre Wirkung auf unser Gemüt, Riechen ist auch noch gut für unser Gehirn. Vogelgesang bewirkt, wie Sie bereits wissen, eine Stressreduzierung. Warum also nicht einfach stehen bleiben und bewusst diesen schönen Tönen lauschen. Bäume können wir berühren. Sie schenken uns täglich Sauerstoff, sie hätten wirklich eine Umarmung verdient. Ein Sonnenaufgang und ein Regenbogen bieten uns visuelle Genüsse. Am Meer mit den Füßen durch das warme Wasser zu laufen, erfüllt nicht nur unsere Füße mit Dankbarkeit. Genießen Sie Ihren Alltag bewusst mit Ihren Sinnen.

Auch Begabungen und Talente sollten nicht als selbstverständlich angenommen werden. Ihre eigenen sind ein Lebensgeschenk an Sie. Nehmen Sie sie dankbar an und erkennen Sie Ihre Stärken. Niemand kann für seine Talente Dankbarkeit entwickeln, wenn er sie nicht auslebt. Wir sagen viel zu oft, was wir alles nicht können. Jeder Mensch kann etwas, und das sollten wir auch bewusst wahrnehmen.

Sprechen wir einem anderen Menschen unseren Dank aus, sollte dieses nie automatisiert erfolgen. Ein Dank erfolgt viel wertschätzender, wenn gesagt wird, wofür man sich eigentlich bedankt. Manchmal passt ein einfaches Danke, aber sehr oft würde es auch einen anderen Menschen beglücken, wenn wir etwas mehr sagten.

Wer die Freuden des Tages erkennt, entgegengebrachte Freundlichkeit zu schätzen weiß, empfindet leichter

Dankbarkeit. Wer einen Schlüssel in seiner Hand trägt, sollte ihn auch einsetzen. Dankbarkeit ist unser Schlüssel für mehr Lebenszufriedenheit. Wir tragen ihn täglich mit uns, er wartet nur darauf, eingesetzt zu werden.

Warum überhaupt schlafen?

Wäre Schlaf nicht lebenswichtig, hätte die Evolution ihn schon lange abgeschafft.

Schlafentzug wurde in der Geschichte und wird auch in der Gegenwart bewusst als Foltermethode eingesetzt. Schlaflosigkeit zermürbt uns und gefährdet das Leben.

Eine Nacht ohne Schlaf kann lang werden, Tage nach chronischem schlechten Schlaf fast unerträglich.

Wer zu wenig geschlafen hat, wird reizbarer und ungeduldiger. Das bedeutet, dass chronischer Schlafmangel nicht unbedingt beliebter macht.

Leider macht ein chronischer Schlafmangel auch noch empfindlicher. Schlafen wir schlecht, sind wir sowohl körperlich als auch psychisch weniger belastbar.

Wer gut geschlafen hat, gleicht eher einem strahlend schönen Neubau als einem einsturzgefährdeten Haus. Schlaf ist das erhaltende Fundament in unserem Leben.

Im Schlaf wird unser Körper zu einer Baustelle. Es finden Erneuerung und Regeneration statt. Nachts erholen sich Körper und Psyche. Unser Immunsystem wird gestärkt. Im Schlaf reguliert sich unser Stoffwechsel, und es finden wichtige unbewusste Lernprozesse und Bewertungen statt. Eine Nacht über Probleme zu schlafen, macht Sinn, denn Lösungen finden sich nach dem Schlaf tatsächlich leichter.

Schlaf wirkt wie ein Jungbrunnen. Fragen Kinder, warum sie denn am Abend ins Bett müssen, erhalten sie nicht selten die Antwort: „Damit du morgen ausgeschlafen hast und fit bist." Genau das gilt auch für uns. Schlafen wir regelmäßig zu wenig, hat das Konsequenzen; allerdings auch, wenn wir zu viel schlafen.

Wer sich am Morgen wie gerädert fühlt, weil er zu wenig oder zu lange geschlafen hat, spürt eigentlich, dass der Körper nach Veränderung ruft. Auch lange im Bett zu bleiben, heißt nicht besser schlafen. Die Schlafqualität hat etwas mit der Schlafdauer von mindestens 4 bis 5 Stunden zu tun. Diese Schlafmenge brauchen wir unbedingt, damit es uns gut geht. Aber auf Dauer sollte es mehr sein. Die meisten Menschen brauchen sieben bis acht Stunden Schlaf, um sich gut zu fühlen.

Im Alter verändert sich der Schlaf, wir werden öfter in der Nacht wach. Sehr alte Menschen schlafen viel am Tage. Wer nachts schlecht schläft, ist am Tage müde. Leider leidet der Nachtschlaf durch zu viel Tagschlaf.

Der Tag unserer Vorfahren endete mit der Dunkelheit und er fing mit dem Tageslicht wieder an. Sie wussten, wie wichtig der Schlaf für die Gesundheit und Regeneration ist.

Feinde des Schlafes

Viele unserer Vorfahren haben vor Thomas Edison gelebt. Genau deshalb kannten sie nicht die Auswirkungen Edisons bahnbrechender Erfindung. Denn die Glühbirne, die Edison erfand[10], veränderte unser Leben. Erleben wir am späten Abend einen Stromausfall, sieht es bei uns ähnlich aus wie bei unseren Vorfahren mit dem Einbruch der Dunkelheit. Ohne eine Lichtquelle sehen wir nichts, es ist einfach nur dunkel. Genau diese Dunkelheit brauchen wir, um richtig schlafen zu können.

Licht ist der Feind des Schlafes. Wir können heute mit Hilfe des Lichtes die Nacht zum Tage machen. Die Unterhaltungsindustrie möchte uns auch in der Nacht unterhalten. Vor nicht allzu langer Zeit sahen noch Generationen im Fernsehen am späten Abend ein Standbild. Heute unterhalten uns die modernen Medien ununterbrochen. Gute Filme beginnen spät, Nachrichten kommen nachts auf dem Smartphone an und E-Mails werden vor dem Schlafengehen gecheckt.

Licht macht wach, und daran hat sich auch bis heute nichts geändert. Um schlafen zu können, müssen wir merken, dass es soweit ist. Melatonin, das wichtigste Schlafhormon, schüttet unser Körper nur aus, wenn die richtigen Impulse eingehen. Auf Dämmerung und abgedunkeltes Licht reagieren wir genau wie unsere Vorfahren – wir bereiten uns innerlich auf das Schlafen vor. Viel helles Licht, der Blick auf den Bildschirm und aufs Smartphone senden Licht, das uns sagt, es sei Tag. Auch Blaulichtfilter verhindern nicht, dass unser Schlaf beeinträchtigt wird. Licht ist und bleibt der Feind unseres Schlafes.

Lärm ist der zweite Feind des Schlafes. Auch hier zeigt sich ein Verhalten unserer Vorfahren. Geräusche könnten Gefahr bedeuten, deshalb ist es besser, wach zu bleiben. Auch der netteste Mensch neben uns im Bett wird in dem Moment, wo er lautstark vor sich hinschnarcht, zur Bedrohung unseres Schlafes.

Aufregung ist der dritte Feind unseres Schlafes. Aufregende Nachrichten vor dem Schlafen, Sendungen, die erregen, machen wach. Dabei bietet uns ein guter Schlaf die Möglichkeit, während des Schlafes das, was unser Bewusstsein am Tage belastet, mal hinter uns zu lassen. Schlafmangel macht müde und beeinflusst die Konzentration und Gedächtnisleistung. Neueste Forschungen zeigen auf, dass Schlafmangel die Gefahr, Übergewicht zu bekommen, erhöht. Schlafen wir über eine lange Zeit nicht gut, sieht und merkt man es uns an. Oft sind wir körperlich zwar im Bett, aber gedanklich ganz woanders. Übrigens sind wir die einzige Spezies, die mit einem Weckerklingeln aufsteht.

Schlaf ist und bleibt die Voraussetzung für ein gesundes und aktives Leben.

Was unseren Schlaf fördert oder verhindert

1. Ein dunkler Schlafraum
Ohne Dunkelheit können Schlafhormone nicht gebildet werden.

2. Warme Füße
Mit kalten Füßen schlafen wir nicht gut ein.

3. Ein bequemes Bett
Im Bett sollten wir gut liegen und uns wohlfühlen.

4. Keine Geräte im Schlafraum
Licht, auch wenn es nur wenig ist, kann den Schlaf beeinträchtigen.

5. Ruhe
Geräusche sollten, so gut es geht, ausgeschaltet werden. Ohrstöpsel sind hier oft eine gute Hilfe.

6. Koffein raubt manchem den Schlaf
Koffein kann den Schlaf beeinträchtigen und anregend wirken.

7. Nach 19 Uhr nicht zu viel trinken
Wer zu spät zu viel trinkt, verbringt einen Teil der Nacht auf der Toilette.

8. Schweres Essen
Zu schweres Essen am Abend lässt unsere Verdauung nicht zur Ruhe kommen und kann schwer im Magen liegen.

9. Nicht zu viel Tagschlaf
Wer am Tage zu viel schläft, ist in der Nacht ausgeschlafen.

10. Bewegung am Tag
Bewegung am Tag führt dazu, dass wir am Abend müde sind. Nur unmittelbar vor dem Schlafen sollte Bewegung vermieden werden, da sie eine anregende Wirkung hat.

11. Aufregung am Abend
Aufregung erregt und verhindert, dass wir entspannen.

12. Die Raumtemperatur des Schlafraumes
sollte weder zu kalt noch zu warm sein.

13. Körperliche Erkrankungen,
wie zum Beispiel Schilddrüsenerkrankungen, können

das Schlafbedürfnis verändern und Einschlafprobleme begünstigen.

Wer lange unter Schlafproblemen leidet, sollte sich unbedingt fachliche Hilfe holen.
Schlaf ist kein Luxus, er ist unsere wichtigste Kraftquelle.

SELBSTWIRKSAMKEIT

Wofür Selbstwirksamkeit?

Evolutionsbedingt sind wir, wie Sie wissen, darauf ausgerichtet, keine unnötige Energie zu verbrauchen. Unsere Vorfahren sind keinem Hasen gefolgt, der für sie unerreichbar war. Es wäre für sie auch eine unnötige Energieverschwendung gewesen.
Glauben wir nicht daran, etwas zu schaffen, dann setzen auch wir keine Energie frei. Wer nicht an sich und seine Fähigkeiten glaubt, beraubt sich der Energie, die es bedarf, um es überhaupt zu versuchen.
Erfolgreiche Menschen sind nur deshalb erfolgreich, weil sie nicht so schnell aufgegeben haben. Sie haben nach Lösungen und Hilfestellungen gesucht. Glauben wir daran, etwas zu schaffen, bleiben wir am Ball.
Wer der Überzeugung ist, „Ich bekomme das schon hin.", ist eindeutig im Vorteil. Positive Suggestionen, wie „Wird schon klappen." oder „Ich schaffe das.", stärken unsere Selbstwirksamkeit und Motivation.

Im August 2015 sagte die damalige Bundeskanzlerin Angela Merkel bezüglich der Flüchtlingskrise auf der Bundespressekonferenz am 31.08.2015: „Ich sage ganz einfach: Deutschland ist ein starkes Land. Das Motiv, mit dem wir an diese Dinge herangehen, muss sein: Wir haben so vieles geschafft – wir schaffen das. (...)"

Dieser Satz wird Einzug in die Geschichtsbücher halten. Egal, welche politische Haltung und Einstellung wir haben, dieser Satz der Bundeskanzlerin war psychologisch klug gewählt. Genau so funktioniert die Motivation zur Selbstwirksamkeit.

Stellen Sie sich einmal vor, die Bundeskanzlerin hätte stattdessen gesagt: „Ich sage ganz einfach: Deutschland ist ein schwaches Land. Das Motiv mit dem wir an diese Dinge herangehen, muss sein: Wir haben noch nie etwas geschafft, es klappt sowieso nicht."

Jetzt denken Sie vielleicht, das würde niemals eine Bundeskanzlerin so sagen, das wäre ja völlig demotivierend. Stimmt.

Aber wie oft sagen wir so etwas zu uns selbst. Sind wir der Überzeugung, etwas sowieso nicht zu schaffen, dann machen wir uns erst gar nicht auf den Weg.

Um Selbstwirksamkeit zu spüren, müssen wir aktiv werden. Wer ein Medikament nur anguckt und auf dessen Wirkung wartet, wird lange warten. Wer nichts versucht, wer sich durch negative Gedanken ausbremst, nimmt sich eine der stärkenden Säulen der Resilienz: das Gefühl von Selbstwirksamkeit.

Eigenlob stinkt nicht immer

Wir alle haben schon einmal gespürt, wie gut es tut, wenn uns jemand sagt, dass wir etwas gut gemacht und geschafft haben.

Wir könnten es ja auch zu uns selbst sagen oder es von uns denken, aber das tun wir selten, da Eigenlob ja bekanntlich stinkt. Das Sprichwort ist nun schon so lange wirksam und könnte sich auch noch auf weitere Generationen übertragen.

Bittet man Menschen, fünf Dinge aufzuschreiben, die sie gut können, und fünf Dinge, die sie nicht können, geschieht in der Regel Folgendes: Es fällt den meisten Menschen viel mehr ein, was sie nicht können. Der größte Teil beginnt damit, aufzuschreiben, was nicht gekonnt wird. Manchen Menschen fallen nicht einmal fünf Dinge ein, die sie gut können.

Wir verlieren uns viel öfter in Selbstzweifeln als im Selbstlob. Wenn wir den Selbstwert verlieren, sind wir diesen Wert los und fühlen uns wertlos.

Ein Wert bedarf einer achtsamen und anerkennenden Behandlung. Teures Geschirr werfen wir selten hin und her, wir möchten vermeiden, dass es Schaden nimmt.

Der Schaden eines kaputten wertvollen Tellers wäre für unser Leben niemals so groß wie ein beschädigter verletzter Selbstwert.

Wir glauben das, was wir denken. Es ist daher nicht egal, ob wir gedanklich mit Selbstzweifeln oder mit Möglichkeiten beschäftigt sind.

In der Schule lernen wir, dass es richtig und falsch gibt. In einem Diktat sind vielleicht bis auf ein Wort alle anderen richtig geschrieben. Dieses eine Wort wird aber so markiert, dass es ins Auge fällt. Genauso geht es dann später weiter. Selbst wenn wir viel in unserem Leben geschafft haben, denken wir viel zu oft daran, was schiefgelaufen ist. Was Sie geschafft haben, ist geschafft, hier würde ein Eigenlob nicht stinken, sondern stimmen.

Die einzige Person, die Sie sicher Ihr ganzes Leben begleiten wird, sind Sie selbst. Genau aus diesem Grunde haben Sie selbst mit Ihren Gedanken und Ihren Äußerungen den größten Einfluss auf Ihren Selbstwert.

Was stärkt unseren Selbstwert?

1. Achten Sie auf Ihre Gedanken und Glaubenssätze

Der innere Kritiker, die innere Kritikerin ist der stärkste Feind unseres Selbstwertgefühls. Was wir über uns denken, fühlen wir. Der Gedanke „Ich schaffe es nicht." ist weder ermutigend noch setzt er Energie frei. Warum auch, wenn man eh der Überzeugung ist, dass es nichts wird.

Entmutigende Glaubenssätze, wie „Bei mir geht doch alles schief.", „Ich habe immer Pech.", haben schon in dem Moment, wo sie in unseren Gedanken kreisen, ihren ersten Sieg errungen. Der zweite Sieg wird folgen, wenn wir sie nicht erkennen und überführen.

Möchten wir etwas schaffen, sind kritische Gedanken nicht immer unangebracht, übernehmen sie aber die Führung, sind sie der stärkste Energieräuber und setzen ihr Ziel durch. Negative Gedanken haben das Ziel, bestätigt zu werden. Wie Sie bereits wissen, haben wir eine Antenne für Negatives. Was wir brauchen, ist eine Antenne für positive Glaubenssätze. Um etwas zu schaffen, müssen wir übertriebene Selbstzweifel entlarven und zum Schweigen bringen. Keine Meinung über uns ist uns so wichtig und so entscheidend für unser Leben wie die über uns selbst. Sie bestimmt den Wert, den wir uns selbst geben. Negative Glaubenssätze sind und bleiben die größten Feinde unseres Selbstwertes.

2. Belügen Sie sich nicht selbst

Verspricht jemand etwas, hält es aber nie ein, wird er unglaubwürdig. Setzen wir uns immer wieder Ziele, verfolgen diese aber nie bis zum Schluss, dann geschieht ähnliches. Wir verlieren den Glauben an uns. Das ist eine große Gefahr. Deshalb ist es für unseren Selbstwert wichtig, dass wir Vorhaben abschließen. Es ist nicht schlimm, wenn mal etwas nicht klappt, schlimmer ist es, nie etwas abzuschließen. Ein Erfolgsgefühl kann nur einsetzen, wenn etwas erfolgt ist. Genau aus diesem Grunde sollten wir uns auch kleine, erreichbare Ziele setzen.

Ein Weg ist, eine kleine Liste mit den Dingen zu schreiben, die man am nächsten Tag schaffen möchte.

Einen Kuchen backen, Wäsche aufhängen, ein Schreiben fertig machen, jemanden anrufen – klingt banal; haben wir es aber gemacht, sind wir aktiv geworden und haben etwas geschafft. Gerade wenn es uns nicht gut geht, können solche Dinge ein Angang sein. Wichtig ist, dass wir unbedingt das, was wir getan haben, auf unserem Zettel durchstreichen. Genau das ist es nämlich, was uns spüren und sehen lässt, dass es erfolgt und abgeschlossen ist. Es fühlt sich gut an, probieren Sie es. Nebenbei stärkt es Ihren Selbstwert, da dieser sich von dem nährt, was wir wirklich tun und zu Ende bringen.

3. Blicken Sie auf Ihre Erfolge

Einen Führerschein, einen Schulabschluss, eine Ausbildung gewinnt niemand im Lotto.

In Krisenzeiten vergessen wir oft, was wir geschafft haben. Unser Blick ist dann häufig auf das gerichtet, was wir gerade nicht haben.

Jeder von uns wird irgendetwas gut können. Wer aus einer Krise herausgefunden hat, hat eine Möglichkeit kennengelernt, wie es geht.

Lebenserfahrungen machen uns erfahren. Krisen kosten Kraft, aber überwundene Krisen zeigen Überlebenskraft.

Lebenserfolge geschehen im ganz normalen Alltag. Machen Sie sich besonders in Krisenzeiten bewusst, was Sie schon geschafft haben. Manchmal hilft es, wenn man sich Bilder von erreichten Zielen vor Augen führt. Das sollten wir nicht nur gedanklich, sondern auch bildlich machen. Wenn Sie etwas erreicht haben, machen Sie ein Foto. Das Foto von dem gebackenen Kuchen, dem Brot, dem fertigen Hochbeet, das wir jemandem schicken, zeigt uns und der Person, der wir es senden, was wir geschafft und zu Ende gebracht haben. Das eventuelle Lob, das wir dann noch erhalten könnten, ist zusätzlicher Balsam für unseren Selbstwert.

4. Leben Sie Ihre Stärken aus

Menschen, die regelmäßig Dinge tun, die sie gut können, stärken ihr Selbstwertgefühl.

Hobbys und Interessen zeigen uns, wo unsere Stärken liegen. Eine weitere Methode, um zu erfahren, wo eigene Stärken liegen, ist, Freunde zu fragen. Die Bereiche, wo andere Menschen Sie um Ihre Hilfe bitten, zeigen Ihnen übrigens auch Ihre Stärken.

Etwas zu tun, was den eigenen Begabungen und Stärken entspricht, macht nicht nur Spaß, sondern steigert unseren Selbstwert. Über Interessengebiete eignet man sich fast spielerisch Wissen an.

Wissen und Fähigkeiten stärken immer unseren Selbstwert. Gerade in Krisenzeiten ist es besonders wichtig, auch immer wieder etwas im Alltag zu machen, was den eigenen Begabungen entspricht.

5. Begeben Sie sich in wertschätzende Hände

Unser Umfeld kann einen positiven oder negativen Einfluss auf unseren Selbstwert haben. Es gibt Menschen, die ermutigen, und Menschen, die entmutigen. Durch das, was Menschen sagen und wie sie sich verhalten, entfalten sie eine Wirkung. Meiden Sie, wo es möglich ist, Menschen, die Ihren Wert nicht zu schätzen wissen, die Ihnen nicht wertschätzend begegnen.

Gerade wenn es Ihnen nicht gut geht, ist Ihr Selbstwert angreifbar. Krankheiten und Krisen lassen uns alle dünnhäutiger werden. Dann brauchen wir Menschen, die uns halten und ermutigen.

Menschen, die Ihnen Ihre Stärken spiegeln und die Sie ermutigen, sind für Ihren Selbstwert Gold wert.

Viel zu wenig spiegeln wir uns gegenseitig unsere Stärken. Aber genau das ist, wenn es ehrlich gemeint ist, ein Wunderdünger für das Selbstwertgefühl. Übrigens können Menschen mit einem guten Selbstwertgefühl es gut ertragen, dass andere Menschen auch Stärken haben. Wer ein gutes Selbstwertgefühl hat, muss sich nicht künstlich aufwerten und andere abwerten. Nörgler, Selbstdarsteller und Miesmacher haben nicht selten ein mangelndes Selbstwertgefühl. Sie sind keine gute Adresse, um unseren Selbstwert zu stärken. Wir sollten es uns selbst wert sein, genau hinzusehen, in wessen Hände und in welche Gesellschaft wir uns begeben.

Warum positive Stimmungen und Gefühle wichtig sind

Auf die Frage „Wie geht es dir?" antworten nicht wenige Menschen: „Danke, ich kann nicht klagen."
Mit dieser Antwort zeigt man nicht, dass es einem gut geht. Viele Menschen antworten auch auf die Frage „Wie geht es dir?" mit „Mir geht es gut.", wenn es ihnen nicht wirklich gut geht. Einerseits möchten wir nicht jedem sagen, wie es uns wirklich geht, andererseits wissen wir, dass viele auch gar nichts anderes hören möchten als „gut".
Würde jemand auf die Frage „Wie geht es?" antworten: „Danke, auch schlecht.", würde mancher stutzen.
Bewusst oder unbewusst fürchten viele, dass der Bericht von zu viel Negativem unbeliebt macht. Leider ist es so, dass Menschen, die aus ihrem Leben hauptsächlich Negatives berichten, in der Beliebtheitsskala nicht ganz oben stehen. Je belasteter wir sind, desto mehr sehnen wir uns nach positiven Erlebnissen und Eindrücken. In solchen Situationen meiden wir instinktiv besonders außerhalb des Familien- und des engsten Freundeskreises Menschen, die uns mit negativen Berichten überfordern.
Wir alle spüren, dass das Leid, das einem anderen Menschen widerfährt, auch uns einmal treffen könnte. Aus diesem Grund kann das Leid anderer Menschen Unbehagen und Ängste auslösen.

Zu unserer Entlastung und Reflexion müssen wir auch einmal Negatives mitteilen. Wichtig ist es aber, dass wir Positives nicht vergessen.

Besonders behalten wir das, was am Ende eines Gespräches gesagt wird. Unter Freunden kann man sich vornehmen, zum Beispiel am Ende eines Telefonates immer mit etwas Positivem zu enden. Es darf ruhig ein Ritual werden, am Ende von Gesprächen etwas Schönes zu erzählen. Probieren Sie es, es hat eine positive Wirkung.

Dem Psychologie-Professor Martin Seligman und der Psychologie-Professorin Barbara Fredrickson gelang es, zu beweisen, wie wichtig positive Gefühle und das Ausleben von Stärken für unsere Gesundheit sind. Viel zu lange galt das Interesse auch in der Psychologie fast ausschließlich dem, was krank macht.

Heute ist die Wirkung von positiven Stimmungen und Gefühlen für unser Wohlbefinden wissenschaftlich belegt. Ein erfüllendes Leben bedeutet, dass man die Fülle des Lebens wahrnimmt und erkennt. Je mehr wir positive Gefühle in unserem Leben empfinden, je mehr wir unsere Stärken und Begabungen ausleben können, desto glücklich und erfüllender empfinden wir unser Leben.

Einfach beginnen

Von einer wertvollen, schönen Vase, die über Jahrzehnte im Schrank bleibt und verstaubt, haben wir wenig. Im Schrank entfaltet sie nicht ihre Wirkung.

Vielleicht haben Sie beim Aufräumen auch schon erlebt, dass Sie etwas gefunden haben, von dem Sie nicht mehr wussten, dass Sie es hatten. Dinge und Wissen geraten, wenn wir sie nicht benutzen, nur allzu leicht in Vergessenheit. So ist es auch mit guten Vorsätzen und neuen Gewohnheiten. Nur das, was wir in unserem Leben anwenden, kann seine Wirkung entfalten.

Es wäre mir eine Freude, wenn dieses Buch Sie dazu einlädt, vermehrt positive Gefühle wahrzunehmen und in Ihr Leben zu integrieren. Dazu ist nach dem Lesen dieses Buches der nächste Schritt entscheidend.
Der wichtige Schritt, der nun folgen sollte, hat drei Buchstaben: **TUN**.

QUELLEN- UND LITERATURNACHWEISE

1   gutezitate.com; *abgerufen 15.07.2021*

2   gutezitate.com; *abgerufen 15.07.2021*

3   www.spruch-des-tages.de; *abgerufen 15.07.2021*

4   in Anlehnung aus: Dr. Eckart von Hirsch-hausen: „Optimisten, Pessimisten, Glücks-momente"; *YouTube-Video, abgerufen 05.07.2021*

5   in Anlehnung aus: Dr. Eckart von Hirsch-hausen: „Optimisten, Pessimisten, Glücks-momente"; *YouTube-Video, abgerufen 05.07.2021*

6   Bohlmann, Sabine: „Das Leben ist kein Wunschkonzert", Planet Girl 2015, Rückdeckel

7   www.spruch-des-tages.de; *abgerufen 22.07.2021*

8   www.poeteus.de; *abgerufen 22.07.2021*

9   gutezitate.com; *abgerufen 22.07.2021*

10   www.deutschlandfunkkultur.de/wer-die-gluehbirne-wirklich-erfand; *abgerufen 01.08.2021*

LITERATUREMPFEHLUNGEN

Emmons, Dr. Robert A.: „Das kleine Buch der Dankbarkeit"; Heyne Verlag

Frankl, Viktor und Lukas, Elisabeth: „Der Seele Heimat ist der Sinn"; Kösel-Verlag

Fredrickson, Barbara: „Die Macht der guten Gefühle"; Campus Verlag

Grunwald, Martin: „Homo hapticus"; Droemer Verlag

Koller, Gerald: „Mutausbruch"; Edition Roesner

Oettingen, Gabriele: „Die Psychologie des Gelingens"; Droemer Verlag

Prieß, Dr. med. Mirriam: „Resilienz"; Südwest Verlag

Seligman, Martin: „Wie wir aufblühen"; Goldmann Verlag

Urner, Maren: „Raus aus der ewigen Dauerkrise"; Droemer Verlag

Urner, Maren: „Schluss mit dem täglichen Weltuntergang"; Droemer Verlag

Weidner, Jens: „Optimismus"; Campus Verlag

Wild, Barbara: „Humor in Psychiatrie und Psychotherapie"; Schattauer GmbH

ÜBER DIE AUTORIN

Manuela Christiansen ist Pädagogin und als Dozentin und Lehrgangsleiterin von Montessori-Diplom-Lehrgängen bei der Deutschen Montessori-Vereinigung e. V. tätig. Sie ist Resilienztherapeutin/Resilienzcoach und Seminarleiterin für Stressbewältigung.